THREAD

만드는 사람

CEO 이연대
특징
메타세쿼이아 나무지만
출근 시엔 씨앗으로 몸을 숨김

CCO 신아람
특징
위급할 때 직각표기에서 빛이 남

Senior Editor 이현구
특징
집과 헬스장과 회사를 잇는
땅굴 보유 중

Editor 김혜림
특징
고민할 때 수염을 쓰다듬지만
수염이 없음

Editor 백승민
특징
평소엔 눈을 감고 있다가
흥미로울 때만 눈을 뜸

Designer 권순문
특징
술을 마시면 끝까지 가는 타입
(주량 : 와인 한 잔)_디자인

Community Mgr 홍성주
특징
가시로 오해 받지만 사실은 털

Community Mgr 구성우
특징
호시탐탐 이야기할 기회를 노림

Community Mgr 권대현
특징
카페가 너무 좋아 사람으로 둔갑해
산에서 내려옴

《스레드》는 북저널리즘 팀이 만드는
종이 뉴스 잡지입니다.
이달에 꼭 알아야 할 비즈니스,
라이프스타일, 글로벌 이슈의 맥락을
해설합니다.

THREAD ISSUE 17. MEDIA

발행일 2023년 10월 1일
등록번호 서울중, 라00778
발행처 ㈜스리체어스
주소 서울시 중구 한강대로 416 13층
홈페이지 www.bookjournalism.com
전화 02 396 6266
이메일 thread@bookjournalism.com

THREAD

목차

완연한 가을, 10월입니다. 《스레드》 17호를 찾아주신 여러분 환영합니다. 이번 호에는 어떤 이야기들이 우리를 기다리고 있을까요?

 ↳ 17호 표지에서는 미디어가 전달하는 다양한 경험의 일면들을 담아 봤어요. 마치 잡지에서 오려 붙인 듯한 콜라주 기법으로 표현해 봤는데요. 수많은 미디어의 이야기를 스레드라는 미디어로 보는 것도 역시 새로운 경험 아닐까요?

소설 《파친코》 읽은 사람 손! 한국계 미국인으로 살아온 이민진 작가는 독자들에게 '한국인 되어 보기'를 제안합니다. 이게 무슨 말이냐고요? 소설을 통해 경계를 넘고, 미처 되어보지 못한 '우리'가 되어보자는 뜻이죠. 좋은 미디어는 선을 넘어 공감과 이해의 영역에 발을 들일 수 있도록 우리 손을 잡아끌고 있습니다. 지금 《스레드》처럼 말이죠!

🐶 ↳ 미디어는 책은 물론이고 신문, TV, 영화, SNS까지 정보와 콘텐츠를 실어 나르는 모든 매체를 일컫는 단어예요. 라틴어 'medium'의 복수형이죠.

🐵 ↳ 'medium'은 '영매'란 뜻도 있대요. 어원을 알고 나니 미디어가 무슨 뜻인지 훨씬 구체적으로 다가오는 것 같아요!

북저널리즘 explained는 세계를 해설합니다. 조각난 뉴스가 아닌 완전한 스토리를 지향해요. 이슈마다 깊이 있는 오디오도 제공합니다. 입체적인 콘텐츠 경험을 통해 지금의 이슈를 감각하고 해석해 보세요. 철저한 선택과 정제를 거친 explained, 여섯 가지 주제를 소개해 드립니다.

소셜 미디어의 죽음 _ 20p

요즘은 플러팅할 때 번호 말고 인스타그램 아이디를 주고받는다면서요? 그런데 혹시 이런 분 없으신가요? 인스타그램 계정은 비공개에 게시물이라고는 브랜드 콘텐츠나 릴스만 가끔 보고, 그나마도 다이렉트 메시지를 주로 쓰는 분이요. 어느새 친구의 소식보다 알고리즘 광고 게시물이 더 늘어나 피로감을 느끼진 않으시나요? 다행히 여러분만의 이야기가 아닙니다. 인스타그램 CEO도 이용자들이 점점 폐쇄된 커뮤니티와 그룹 채팅, 다이렉트 메시지로 이동하고 있다고 진단했는데요, 메시징 앱과 차별성이 사라져가는 소셜 미디어, 이대로 괜찮은 걸까요? 우리에게 소셜 미디어의 의미는 어떻게 변하고 있는지, 다음 시대 소셜 미디어는 어떤 모습일지 살펴봅니다.

 ↳ 메타는 유럽에서 규제를 피하려고 데이터 수집과 광고 없는 유료 요금제도 검토하고 있대요.

↳ 흠…… 하지만 광고 없는 유료 서비스를 굳이 쓸 정도로 인스타그램이나 페이스북이 매력적인지부터 생각해 봐야겠어요.

틱톡 프로파간다의 시대 _ 28p

지난 7월, 아프리카 니제르에서는 군사 쿠데타가 있었어요. 이즈음
공영 방송은 물론 틱톡까지도 뜨거웠다고 하는데요. 다름 아닌
친군 성향의 뮤직비디오와 리믹스 영상들 때문입니다. 그런 경험
없으신가요? 짧은 영상은 오히려 경계 없이 받아들였던 순간이요.
최근 권위주의 국가, 권력들은 이런 쇼트폼과 소셜 미디어의 특성을
프로파간다에 사용하고 있어요. 그런데 틱톡 시대의 프로파간다, 더
무서운 건 국가만이 이 주체가 아닐 수 있다는 지점입니다.

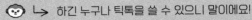

> ↳ 하긴 누구나 틱톡을 쓸 수 있으니 말이에요!
> ↳ 과거에는 포스터와 연설이었다면 이제는 틱톡과 메시지가
> 프로파간다의 방법론이 됐네요.

왕의 DNA를 신봉하는 이유 _34p

지난 8월 있었던 '왕의 DNA' 사건 기억하시나요? 한 교육부 공무원이
자녀의 담임 교사에게 9개 요구 사항을 편지로 보냈던 사건이었죠.
결국, 해당 사무관은 교사에게 사과하고 중징계 절차를 밟게 됐지만,
논란은 남았습니다. 분노가 식은 뒤, 차분히 생각해 볼 필요가
있습니다. 절박한 부모들은 왜 사이비 치료에 빠져들게 됐을까요?
단순히 무지해서 그런 거였을까요? '금쪽이'들의 세상이 된 지금,
원인은 어딘가에 분명히 있습니다.

> ↳ 왕의 DNA, 황당한 표현이었지만 절박한 부모를 착취하는
> 과정에서 나온 표현이었다니. 순간의 해프닝으로 그치면 안
> 될 일이에요.

└→ 의학계가 틱톡을 주시하고 있다고요? 정신 건강 문제가 트렌드처럼 번지는 현상은 우려스러운데요.

기후 문화 전쟁의 종군 기자 _ 40p

영국 런던에서 지난 8월 29일 대규모 시위가 벌어졌습니다. 다름 아닌 통행료 때문인데요. 노후 공해 차량은 런던에 진입할 때 2만 원을 내도록 한 정책이 문제였죠. 취지는 좋은데 당장 새 차를 살 수 없는 저소득층에겐 가혹했습니다. 리시 수낙 영국 총리도 이 정책에 반대한다며 힘을 보탰죠. 그런데 이 사건, 단순한 갈등이 아닙니다. 그 기저에는 기후를 둘러싼 문화 전쟁이 있는데요. 유럽과 미국에서는 보수와 진보가 이 문제를 둘러싸고 크게 격돌하고 있습니다. 이 문제, 어디서부터 잘못된 걸까요? 인식의 차이는 왜 생기고 누가 해결할 수 있을까요? 지구의 운명을 가를 전쟁의 키를 누가 쥐고 있는지 살펴봅니다.

└→ 한국이나 일본 등 아시아권에서도 점점 기후를 둘러싼 사회 갈등이 심해지고 있어요.

└→ 기후 위기인지 기후 변화인지, 용어도 다 제각각인데 대체 어떤 용어를 쓰는 게 적절한 걸까요?

구독 경제는 어떻게 무너지는가 _ 46p

'스트림플레이션(streamflation)'이라는 신조어가 등장했습니다. 넷플릭스, 디즈니, 훌루 등 주요 스트리밍 기업이 일제히 가격을 인상했기 때문인데요. 물론 가격을 올린 요금제는 광고 없는 요금제입니다. 사실 스트리밍 기업들은 이용자들이 광고 요금제로 이동해 주길 은근히 바라고 있죠. 하지만 이용자들 사이에선 볼멘소리가 나올 수밖에요. 광고도 없고 볼거리 가득했던 스트리밍 서비스가 초심을 잃은 것처럼 보이니까요. 그렇다고 플랫폼 입장에서는 수익화를 하지 않을 수도 없는 노릇입니다. 넷플릭스의 등장으로 열린 디지털 구독 경제의 시대, 이용자와 기업의 줄다리기는 어떤 결과를 맞게 될까요? 우리에게 너무나 익숙한 구독 경제를 돌아봅니다.

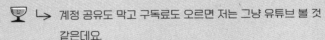 계정 공유도 막고 구독료도 오르면 저는 그냥 유튜브 볼 것 같은데요.

↳ 저는 결국 콘텐츠에 따라서 이 플랫폼 저 플랫폼 옮겨 다니게 되더라고요.

 누가, 왜 이 정보를 허위라 규정하나 _ 54p

일본 정부가 중국에서 나오는 후쿠시마 오염수에 대한 우려의 목소리를 허위 정보라 규정했습니다. 허위 정보는 대개 개인의 잘못이 되는 만큼, 그러한 정보를 믿는 것에 대해서는 아무도 책임지지 않죠. 주목조차 하지 않으니 말이에요. 그런 지점에서 후쿠시마 오염수를 방류하고 싶은 일본에는 이 허위라는 규정이 전략적인 선택이었을 겁니다. 지금, 하나의 정보를 진실 혹은 허위로 규정하는 주체는 누구일까요? 허위와 진실이라는 태그 너머를 바라봐야 미디어를 쥐고 있는 권력이 무엇인지 파헤칠 수 있습니다.

↳ 정보도 너무 많아 힘든데, 진실과 허위까지 구분해야 하다니!

↳ AI의 시대에는 더욱 필요한 능력인 것 같아요.

이어지는 '톡스' 코너에서는 사물을 다르게 보고, 다르게 생각하고, 세상에 없던 것을 만들어 내는 사람들의 이야기를 담아요. 《스레드》 17호에서는 로컬 미디어 도보마포의 신현오 운영자를 만나 봤어요.

 즐거운 동네 생활을 만드는 새로운 로컬 미디어 _ 63p
서울에 외국인 친구가 놀러 온다면? 저는 멋도 있고 맛도 있는 연남동을 추천하고 싶어요. 자세한 가게 이름은…… 인스타그램 '도보마포' 계정을 팔로우해보면 좋겠네요! 골목을 걷고 누비고 머물며 마포구의 이야기를 전하는 도보마포는 이제 하나의 브랜드가 되어 마포구 바깥에서도 주목을 받고 있습니다. 당근마켓, 신한카드와 기아자동차 등 여러 브랜드와 협업을 하고, 팝업 스토어를 개최하며 하나의 자생적인 미디어가 되고 있죠. 우리 동네도 콘텐츠가 될 수 있을까요? 시도해 보고 싶다면, 도보마포의 인터뷰에서 힌트를 얻어 보세요.

 ↳ 걷기 좋은 날씨가 왔는데~ 이번 주엔 걸어서 마포 속으로 가 봐야겠어요!

 ↳ '드립' 메모장이 엄청났다는 후문이 있던데요? 브랜딩 아이디어를 얻기에도 좋은 내용이었어요.

 단편 소설 분량의 지식 콘텐츠 '롱리드' 코너도 있어요. 깊이 있는 정보 습득이 가능하고, 내러티브가 풍성해 읽는 재미가 있어요.

담론의 바다로 진격하라 _ 77p

중국이 세계에 커다란 '미디어의 배'를 띄웁니다. 외국 언론
지면을 빌리거나 혹은 언론사를 통째로 사고, 언론인에게
돈을 지원하는 방식으로요. 중국은 과거와 달리 자국 언론을
검열하는 데 그치지 않고, 막대한 금융 자본을 투입해서 해외
언론에 영향력을 행사하고 있습니다. 중국에 대한 긍정적인
메시지는 정교하고 철저하게 생산되고 있어요. 이 싸움은 뉴스
제작 방식이나 주도권에 대한 게 아닙니다. 저널리즘 그 자체를
위한 것이죠. 지금도 중국의 미디어 제국주의는 부상하고
있습니다.

 ↳ 중국이 아프리카에 진출한다는 이야기가 속속 들리더니,
　　　　역시 미디어에 있어서도 마찬가지였군요.

　　　　↳ 자본은 정말 비판의 목소리가 허용되지 않는 세상을 만들
　　　　수 있을까요? 좋은 저널리즘에 대한 고민이 필요해요.

《스레드》 17호에서는 지금까지 소개해 드린 아홉 가지
이야기를 담았어요. 그럼 이제부터 《스레드》를 시작해
볼까요?

이달의 이야기

explained

톡스

롱리드

DAWN REDWOOD
PARK

이달의 이야기에선 한 가지 주제를 깊이 다뤄요.
단순한 사실 전달을 넘어 새로운 관점과 해석을 제시해요.
함께 읽고 생각을 나눠요.

책, 음악, 영화, 뉴스, 소셜 미디어. 그리고 앞으로 생겨날 수많은
미디어까지. 정보를 담아 전달하는 그릇에 해당하는 미디어는, 우리가
경계를 넘어 '되어 보지 못한 우리'가 될 수 있는 가능성이 됩니다.
북저널리즘은, 북저널리즘의 종이 뉴스 잡지 《스레드》는 지금 필요한
미디어를 지향합니다. 우리 사회를 함께 짊어지고 있는, 타인이라는
이름의 우리를 공감할 수 있도록 넓은 그릇이 되고자 합니다.
__ 신아람 에디터

안녕하세요. 북저널리즘 신아람 CCO입니다.

"제게 계획이 있습니다. 여러분을 한국인으로 만들려고요."

소설《파친코》의 이민진 작가가 MIT 대학 강단에서 학생들을 향해 던진 말입니다. 이게 대체 무슨 국뽕 차오르는 얘긴가 싶으시겠지만요, 이민진 작가는 스스로를 한국인이라 말하지 않습니다. '한국계 미국인'이라고 소개하죠.

이민진 작가의 계획은 소설가의 야망입니다. 이것이 문학이 해낼 수 있는 일이라고, 힘주어 이야기합니다. 문학을 통해 스스로가 러시아인, 무슬림, 이스라엘인, 팔레스타인인, 아이티인이 되었다고 고백합니다. 문학을 통해 남성과 게이, 트랜스젠더가 되었노라고, 지배층이, 장애를 가진 사람이, 감옥에 갇힌 사람이 되었다고 간증합니다. 그래서 문학을 통해 우리는 경계를 넘는다는, 당연한 결론에 다다르게 되죠.

저는 이민진 작가의 야망에서 미디어의 존재 이유를 발견합니다. 책, 음악, 영화, 뉴스, 소셜 미디어. 그리고 앞으로 생겨날 수많은 미디어까지. 정보를 담아 전달하는 그릇에 해당하는 미디어는, 우리가 경계를 넘어 '되어 보지 못한 우리'가 될 수 있는 가능성이 됩니다. 그리하여 '남'이라는 존재가, 실은 '우리'라는 것을 깨닫게 합니다.

타인의 고통

물론, 늘 그러한 것은 아닙니다. 전쟁으로 파괴된 시가지의 모습이 고스란히 유튜브를 통해 중계되는 시대에는, '타인의 고통'이란 디스플레이 속에만 존재하는 비현실의 사건일 수도 있습니다. 이러한 경향은 이미 20세기에 시작되었습니다. 신문과 잡지가 보도 사진을 여염집의 거실로 실어 나르게 된 이후, 참혹한 현장은 전혀 드물지 않은 풍경이 되었습니다. 폭력의 현장, 범죄의 현장도 마찬가지입니다.

무언가 잘못되었다고 느낀다 하더라도 달라지는 것은 쉽지
않습니다. 콘텐츠가 너무 많은 시대, 선택받고 살아남으려면 더
자극적인 이야기와 이미지가 필요합니다. 사회보다 개인이, 맥락보다
단어가, 해결책보다 비난이 더 잘 팔립니다. 정보는 파편화되고 참사는
일상이 됩니다.

지난여름, 연이어 발생했던 이상 동기 범죄 관련 보도들은
그런 현실을 고스란히 드러냈죠. 예를 들어 볼까요. 서현역 흉기 난동
사건에서 언론의 시선을 사로잡았던 것은 원인이나 방지 대책, 사회적
파장 등이 아니었습니다. 피의자의 개인적인 서사였죠. 정신 질환이나
뛰어났던 학업 성적 등이 그것입니다. 포털 사이트에서 '서현역
특목고'라는 키워드로 검색해 보면 관련 기사만 64개가 표시됩니다.
시민의 두려움과 호기심을 재료 삼아 장사에 나섰던 언론의
단면입니다.

뉴미디어 스타트업의 과제

수요가 있으니, 공급이 있다는 말은 공급자의 변명일 뿐입니다.
미디어라는 그릇에 무엇을 담아 건넬지는 공급자의 결정이죠. 미디어의
영향력은 수용자에게서 비롯되기도 하지만, 어떤 영향력을 가지게
될지는 공급자에게 책임이 있습니다. 그래서, 뉴미디어 스타트업
북저널리즘의 고민은 요즘 더 커집니다. 미디어이되 새로운 시대에
필요한 미디어를 지향합니다. 스타트업으로서 속한 분야의 문제를
찾아내 해결할 의무도 있습니다. 이 두 가지 모두, 너무 어렵습니다.

새로운 시대에 필요한 미디어의 모습은 어떠해야 하는지에 관한
결론은, 저희 브랜드명에 담겨있습니다. 책처럼 깊이 있게, 뉴스처럼

빠르게. 단순한 사실 전달을 넘어 새로운 관점과 해석을 제시하고자 합니다. 독자 여러분의 사유에 힘을 보태고자 합니다. 노력하고 있지만, 만족스럽게 달성하기까지는 시간이 더 필요하겠지요. 그래서 장사가 될까. 돈방석에 앉아 있지는 않습니다. 하지만 우리에게 필요한 미디어의 모습을 만들어 낼 수 있다면, 그 과제를 해결한다면 무척 벅찰 것 같습니다.

미디어의 할 일

수전 손택은 저서 《타인의 고통》에서 "사람들은 끊임없이 쏟아져 나오는 폭력의 이미지들이 자신들을 무감각하게 만들었기 때문만이 아니라, 그 이미지들을 보고 무엇인가 두려움을 느꼈기 때문에 폭력을 외면할 수도 있다"고 이야기합니다. 북저널리즘은 폭력을 직시할 수 있도록 성의를 들여 맥락을 해설하고 싶습니다.

'남'은 끔찍하다는, '남'이 '우리'로 바뀌었으면 좋겠다는 이민진 작가의 야망도 함께 이루어 내고 싶습니다. 우리 사회를 함께 짊어지고 있는, 타인이라는 이름의 우리를 공감할 수 있도록 넓은 그릇이 되고자 합니다. 또, 세계의 작동 원리를 기울어지지 않은 구도로 잘 담아내는 그릇도 되고자 합니다. 정답을 찾아낸 것은 아니지만, 가능성을 높여가고 있다고 생각합니다.

북저널리즘의 종이 뉴스 잡지 《스레드》가 미디어의 할 일을 다 하기 위해 변화를 준비하고 있습니다. 곧 찾아뵙게 될 새로운 모습의 《스레드》를 기다려 주시고, 또 응원해 주셨으면 합니다. 그 전에, 이번 달 《스레드》에서는 현재의 미디어 모습에 주목했습니다. 우리가 경험하고 있는 미디어의 실체와 그 영향력에 관해 함께 생각해 볼 주제가 가득합니다. 찬찬히, 사유해 보셨으면 합니다. ⓣ

explained에선 세계를 해설해요.
조각난 뉴스가 아닌 완전한 스토리를 지향해요.
선택과 정제를 거친 여섯 개 이슈를 오디오로도 경험해 보세요.

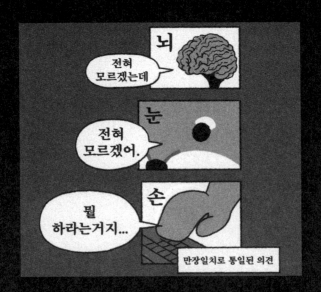

explained

앞으로 유럽인들은 광고 없는 유료 인스타그램을 만나게 될지도
모른다. 메타가 유럽에서 자사 앱들의 유료 '애드 프리(Ad-free)'
버전을 고려하고 있어서다. 그간 유럽연합(EU)은 사용자 동의 없는
개인정보 수집과 활용을 이유로 메타에 수차례 초고액의 벌금을
부과했다. 메타의 유료화 옵션은 EU가 2018년 5월부터 시행한 '일반
데이터 보호 규정(GDPR)'을 회피하려는 조치로 풀이된다. 물론
유럽인들이 실제 얼마나 유료 버전을 선택할지는 미지수다.
__ 이현구 에디터

재무적 위기보다 중요한 건 존재의 위기다. 메타의 유료 버전 검토는
광고 제거에 돈을 쓸 만큼 이용자들이 열성적이고 앱이 매력적이냐는
질문을 던진다. 인스타그램은 올해 초 미국인들이 가장 많이
삭제를 고려한 앱으로 알려졌다. 젊은 세대는 페이스북을 등졌고
인스타그램보다 틱톡을 즐긴다. 많은 이들은 메타 제품의 위기에서
소셜 미디어 시대의 종언을 읽는다. 초기의 가치가 사라지고 있기
때문이다. 연결과 소통의 매개는 소셜 미디어의 의미와 함께 변하고
있다.

©사진: Katka Pavlickova

Not 'social' but 'media'

가입 초기, 계정 하나를 재밌게 쓴다. 본계정이 사회적 프로필이
되며 처음으로 부계정을 만든다. 게시물을 신경 써서 포스팅해야
하는 본계정에 피로감이 생긴다. 부계정을 주로 쓰게 된다. 친구들의
일상보다 광고 게시물이 피드에 노출되는 일이 잦아진다. 게시물을
올리는 횟수는 적어진다. 어느덧 쇼핑이나 브랜드 콘텐츠, 릴스를 보는

게 주가 된다. 중요한 게시물은 저장하고 재미있는 게시물은 다이렉트 메시지(DM)로 공유한다. 번호를 교환하지 않아도 되는 DM과 그룹 채팅은 생각보다 편한 기능이라는 걸 깨닫게 된다. 이용자들에게 지금의 인스타그램은 채팅 기능이 지원되는 엔터테인먼트 미디어다. '소셜'은 브랜드와 콘텐츠가 대체했다.

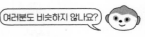

닫힌 커뮤니티

위 이야기에 기시감이 든다면 우연이 아니다. 인스타그램 CEO 애덤 모세리 역시 사용자가 그룹 채팅 등 닫힌(closed) 커뮤니티로 이동하고 있다고 밝혔다. 팟캐스트 '20VC'와의 인터뷰에서 그는 "10대들의 인스타그램에서 시간을 보내는 방식을 살펴보면 피드보다 스토리에서, 스토리보다 DM에서 더 많은 시간을 보낸다"고 말한다. 콘텐츠 소비와 폐쇄형 소통의 장이 되면서 인스타그램은 틱톡과 유사하게 공급자 중심의 플랫폼으로 변했다. 인플루언서인 킴 카다시안과 카일리 제너조차 메타가 릴스와 추천 알고리즘을 강화를 발표하던 2022년 7월 이렇게 말했다. "인스타그램을 다시 인스타그램답게(Make Instagram Instagram Again)."

숫자 이면

변화가 곧 위기는 아니다. 그러나 숫자 이면의 화학적 변화를 읽지 못하면 메타, 나아가 소셜 미디어의 위기를 제대로 인지할 수 없다. 지표만 보면 인스타그램은 건재하다. 월간 활성 이용자 수(MAU)는 2023년 1월 기준 20억 명으로 페이스북, 유튜브, 왓츠앱을 이어 4위다. 미국 성인 기준 하루 사용 시간도 30.1분으로 애초부터 동영상 플랫폼으로 포지셔닝한 유튜브, 틱톡의 45~46분에 비해 크게 밀리지 않는다. 그런데도 메타는 이용자의 참여와 소통에 목말라 있다. 인스타그램의 현 상황을 고려하면 스레드의 출시가 다르게 보인다. 그간 메타가 스레드를 출시한 이유로는 X 이용자 흡수와 EU 규제 회피가 꼽혔다. 인스타그램과 계정을 연계해 더욱 '채티(chatty)'한 탈중앙화 플랫폼을 만든 것에는 이용자들의 사용 형태가 영향을 미쳤을 수 있다.

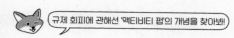

규제 회피에 관해선 '액티비티 펍'의 개념을 찾아봐!

분산형 메시징 앱

일련의 징후는 인스타그램의 라이벌을 재정의한다. 그간 인스타그램은 틱톡과 경쟁했다. 스레드 출시 전후로는 '친한 친구' 기능이나 '그룹 프로필'을 테스트하고 있다는 보도가 많아졌다. 모세리 역시 앞선 팟캐스트에서 스토리 팀 전체를 메시징에 투입했다고 밝히고 있다. 분절된 폐쇄형 그룹에 특화한 기능을 내려는 건 소셜 미디어 이용자들이 더 긴밀한 연결과 커뮤니티의 시대로 회귀하고 있다는 방증이다. 문제는 DM과 그룹 채팅, 닫힌 커뮤니티를 강조할수록 분산형 메시징 앱의 영역과 충돌한다는 점이다. 이 영역의 강자로는 이미 디스코드와 텔레그램이 있다. 이들은 소셜 미디어의 미래를 웹 3.0 시대의 커뮤니티 플랫폼으로 정의한다. 메타가 이 흐름에 탑승하면 '개방'과 '현실 사회관계의 연결'로서의 소셜 미디어는 힘을 잃을 수 있다.

©사진: Rizky

마이크로 트렌드

인스타그램은 선택의 기로에 놓였다. 틱톡은 메가 트렌드의 본산이다. 디스코드나 텔레그램은 마이크로 트렌드의 강자다. 인스타그램은 그 중간 어딘가에 있다. 시장이 주목하는 건 유행의 파편화다. 관계 기반의 연결이 취향 기반의 연결로 재편되고 있기 때문이다. 디스코드에서는 게이머뿐 아니라 운동화 커뮤니티, 퀴어 독서 모임 등이 활성화돼 있다. 마이크로 트렌드의 좋은 예다. 인스타그램도 해시태그를 이용해 취향 기반의 연결을 도모할 수 있지만 메가 트렌드의 속성을 가진 브랜드 콘텐츠나 크리에이터의 광고가 범람하면서 마음 맞는 사람들을 발견하는 게 어려워졌다. 이용자들이 DM과 그룹 채팅으로 숨어버린 건 메타의 전략 실패이기도 하다. 인스타그램만은 자신만의 가치를 재정의할 수 있을까?

인스타그램이 틱톡을 따라 하다 디스코드를 흉내 내는 격이지

단순함의 미학

모두가 슈퍼 앱을 꿈꾸지만 이용자를 홀리는 건 단순함이다. 인스타그램은 출시 초기 단순한 UI와 콘셉트로 사랑받았다. 이용자들은 친구나 가족의 눈으로 바라본 세상을 부담 없이 공유할 수 있었다. 현실 관계를 기반으로 한 삶의 기록은 단어의 뜻이 모호해진 소셜 미디어의 본래 의미에 가장 가까웠다. 이를 무너뜨린 건 역설적으로 '인스타그래머블'함이다. 안티 소셜 미디어를 표방하는 비리얼(BeReal)이 완벽주의에 대한 반향으로 탄생할 수 있던 이유다. 비리얼의 성공 요인 중 하나 역시 단순함이다. 하루 한 번 동 시간대에 24시간 동안만 이뤄지는 일상의 등가 교환은 공평하고 군더더기 없었다. 그러나 비리얼조차 이용자 수가 감소하며 완벽한 대안으로 자리 잡지 못했다. 원인 분석은 다양하지만 휘발성이 놓친 기록의 가치 때문이기도 하다.

기록의 가치

정재훈 틱톡코리아 운영 총괄은 지난 7월 열린 국내 첫 기자 간담회에서 "쇼트폼 미디어 포맷이 일상을 기록하고 트렌드를 검색하는 플랫폼으로 진화했다"고 말한다. 공급자의 역할이 두드러지고 메가 트렌드의 영향이 강한 틱톡 역시 이용자의 참여와 취향 기반의 연결, 기록과 공유를 중시하고 있음을 알 수 있는 대목이다. 취향 기반 셀렉트숍 29CM의 창업자 이창우 대표 역시 쇼트폼 기반의 마케팅 플랫폼 '닷슬래시대시'를 론칭하며 "인류 기억 저장소"라는 타이틀을 내걸었다. 이미지와 1000자 이내의 가벼운 글로 소통하는 LG유플러스의 '베터'도 일상 기록 플랫폼을 표방한다. 과거의 인스타그램이 표방한 가치와도 유사하다.

©사진: wocintechchat

IT MATTERS

과시적인 문화와 광고 없이 연결과 공유에만 집중하던 과거의 소셜 미디어는 더 이상 없다. 다음 시대의 소셜 미디어는 그 명칭과 기능이 분리돼 새로운 형태의 연결과 소통을 제안할 것이다. 다만 문화에 악영향을 끼치지 않는 수익 모델의 돌파구를 찾지 못하면 그 성장은 10년짜리다.

소셜 미디어가 선택적으로 접근할 수 있는 안전하고 닫힌 커뮤니티로 이행하는 것은 부정할 수 없는 흐름이다. 그 과정에서 페이스북, 왓츠앱, 인스타그램, 스레드로 이뤄진 가장 거대한 소셜 미디어 제국 메타의 움직임은 대세를 결정하게 될 공산이 크다. 메타가 틱톡을 따라가려다 뒤늦게 디스코드를 따라가는 과정에서 메타의 소셜 미디어, 특히 인스타그램의 오랜 팬들은 혼란을 겪고 있다. 분명한 건 지금처럼 메시징 앱으로만 쓰는 이용자가 늘어날 경우 인스타그램의 간단한 사진 공유 기능과 기록의 가치는 새로운 플랫폼의 영역으로 분화하게 될 거라는 점이다. 이용자들의 소셜 미디어 생활이 다중

플랫폼화하는 경향이 가속화할수록 플랫폼 간 연결이 용이한 분산형 플랫폼이 표준으로 자리 잡을 것이다. ⊤

지난 7월 군사 쿠데타가 일어난 니제르에서 친군 성향의 뮤직비디오가
쏟아지고 있다. 수년 전에 발표된 뮤직비디오는 틱톡 시대에 맞춰 옷을
갈아입었다. 20초 분량의 비디오와 유튜브의 뮤직비디오는 노골적으로
군인과 부강한 국가의 모습을 그린다. 20초에서 4분의 시간만 투자해도
'군인이 니제르를 더 좋게 만들고 있다'는 메시지를 받을 수 있다.
__ 김혜림 에디터

지금의 프로파간다는 은밀하다. 거리의 포스터나 대중 연설과 같은, 노골적인 방식을 택하지 않는다. 소셜 미디어와 메시지 애플리케이션을 통해 시민 개인의 피드에 은밀하게 녹아든다. 반면 내용은 더 노골적이다. 20초 안에도 메시지를 전달해야 하기 때문이다. 2020년대의 히틀러는 연설대가 아닌 틱톡과 왓츠앱에서 말한다. 프로파간다의 연단, 플랫폼이 바뀌었다.

뮤직비디오

지난 7월 26일, 니제르의 3년 차 대통령이 축출됐다. 정권을 장악한 군부는 계엄령을 선포했다. 그즈음 니제르의 국영 TV 방송국인 '텔레 사헬'에서는 군대를 찬양하는 뮤직비디오가 잔뜩 방영됐다. 2009년 공개된 노래인 〈SODJA(군인)〉도 그중 하나다. "군인은 국가의 안전을 보장한다"고 말하는 이 노래의 뮤직비디오에는 군인 복장을 한 여성과 남성이 등장해 위풍당당한 행진을 펼친다. 소셜 미디어 틱톡도 덩달아 시끄러웠다. 군부 정권의 등장이 담긴 비디오와 친군 성향의 음악이 합쳐진 틱톡 영상이 쏟아져 나왔다.

틱톡과 유튜브

〈SODJA(군인)〉가 발매됐던 2009년과 달라진 점이 있다면 정치 선전 콘텐츠가 생산되고 유통되는 방식이다. 과거에는 국가가 생산한 프로파간다를 공영 방송이 유통했다. 지금은 다르다. 친군 성향의 콘텐츠는 틱톡 시대에 맞춰 20초 분량의 비디오로 리믹스된다.

젊은 힙합 아티스트들은 직접 만든 음악과 뮤직비디오를 유튜브에 업로드한다. 니제르의 전 국회의원 압두라만 우마루는 "젊은이들은 하루 세 끼를 먹기 힘들지만, 틱톡을 보고 뉴스를 따른다"고 진단했다. 니제르의 젊은이들은 "유튜브의 도움을 받아 집에서 음악을 만든다."

세대

미디어 변화의 중심에는 세대의 변화도 있었다. 니제르의 15세 미만 젊은 세대는 군사 쿠데타 시기를 제대로 경험해 본 적이 없다. 이번 쿠데타는 2010년 이후 13년 만이다. 니제르인 중 15세 미만이 2500만 명을 차지한다는 사실을 고려했을 때, 프로파간다의 생산과 유통을 변화시킨 건 전략적인 선택이다. 젊은 세대는 뉴스와 연설보다는 가볍게 소비할 수 있는 틱톡 영상을 선호한다. 유사한 일은 아프리카 짐바브웨에서도 있었다. 지난 8월 26일 치러진 대선에서 주자들은 젊은 스타와 자메이카 댄스홀 풍의 음악을 사용해 젊은 세대의 표를 확보했다. 짐바브웨 인구의 4분의 3은 34세 미만이다. 달라진 세대에 맞춰 선전의 방식, 미디어가 함께 변하고 있다.

과거와는 선거 운동을 하는 방식도, 설득하는 방식도 달라진 것이구나!

20초 프로파간다

선전은 어떻게 변했을까? 시간이 짧아졌다. 한 시간 분량의 연설, 두 시간 분량의 영화로는 젊은 세대에게 효과적으로 프로파간다를 전달할 수 없다. 주어진 시간 20초 안에 메시지를 전달해야 한다. 선전의 내용은 직선적이고 노골적으로 변했다. 프로파간다 이미지는 우회적인 심볼(symbol)보다는 직관적인 아이콘(icon)을 사용하기 시작했다. 1차 세계 대전 시대 여론전이 수많은 동물과 비유적인 표현을 담은 타이포그래피로 가득했다면, 틱톡 시대의 프로파간다는 그렇지 않다. 2020년대의 틱톡 프로파간다는 군인과 환호하는 관중, 권력의 얼굴과 표정을 그대로 담는다.

바이럴과 3인칭 효과

무엇보다 소셜 미디어는 바이럴을 가능케 한다. 바이럴은 전염이다. 입에서 입을 타고, 손에서 손을 타고 메시지가 확산한다. 중요한 건 점과 점으로 존재하는 개인이 아닌 선으로 연결된 네트워크다. 현대 중국의 프로파간다를 연구한 한 논문은 프로파간다의 3인칭 효과를 짚었다. 즉, 프로파간다는 다른 이의 신념이 영향 받았을 것이라는 추측만으로도 작동한다. 현대의 권위주의 정권은 소셜 미디어의 네트워킹과 프로파간다 사이의 관계를 영리하게 활용해 왔다. 일례로 엘살바도르의 대통령 나이브 부클레와 튀르키예의 레제프 에르도안은 열렬한 소셜 미디어 활용자다. 2년 전 아프가니스탄을 지배한 탈레반은 수십 개의 언어를 사용하며 소셜 미디어 선전을 공격적으로 전개했다. 한 연구는 이러한 소셜 미디어의 활용이 권위주의 정부의 대표적인 포퓰리즘 전략이라고 지적했다.

자기 표현

독일의 철학자 발터 벤야민은 파시스트 국가에서 프로파간다는 본질적으로 오락과 같다고 지적했다. 즉 "파시즘은 대중에게 자신을 표현할 기회를 주는 것"을 중요시했다. 웹은 이러한 프로파간다의 특성을 극대화할 수 있는 플랫폼이다. 거리의 포스터, 국영 방송, 시간이 한정된 연설과 달리 웹의 유통은 공간적으로도 시간적으로도 무한하다. 웹상에 아카이빙된 자료를 무수히 활용할 수 있고, 국경과 지역에 무관하게 하나의 메시지를 전달받을 수 있다. 틱톡은 단순한 UX를 통해 이러한 시간적, 공간적 자유도를 극단으로 끌어 올린 미디어다. 사용자는 자유로운 리믹스를 통해 2009년의 뮤직비디오와 2023년의 음악을 결합할 수 있다. 복잡한 툴이 없어도 쉽게 메시지를 만들고 퍼트릴 수 있다. 프로파간다를 생산하는 주체는 국가가 아닌 시민으로 바뀌었다. 이들은 프로파간다를 통해 자신을 표현하고, 그를 통해 소통한다. 틱톡 시대의 프로파간다는 오락이자 자기 표현의 도구다.

©사진: deagreez

메시지 선전

은밀하고 직선적인 프로파간다. 이 흐름은 더욱 가속화하고 있다. 암호화된 메시지 애플리케이션이 대표적이다. 텔레그램, 아이메시지와 같은 암호화 메시지 애플리케이션은 한편으로는 정부의 감시 없이

통신할 수 있는 안전한 공간이지만 한편으로는 권위주의 정부가 권력을 획득하고 유지할 수 있는 방법론이기도 하다. 이 양가성 때문에 암호화된 메시지는 애플이나 구글과 같은 대기업도, 미국이나 EU와 같은 강대국도 쉽사리 손댈 수 없다. 독재자들은 그 감시의 공백을 노린다. 인도 인민당에서 일한 한 전투원은 인도 인민당이 수백만 개의 왓츠앱 그룹과 봇을 통해 정치적 메시지를 확산한 바 있다고 밝혔다. 선전은 개개인의 메시지 함에 쌓인다.

은밀하고 직선적이라… 역설적인 것 같지만 맞는 말 같아

IT MATTERS

벨기에의 커뮤니케이션 학자 아른 하이젠은 현대의 프로파간다를 "특정 사회 집단이 이념적 목표를 시행하고, 의견을 관리하며, 대상 집단의 충성도를 체계화하려는 커뮤니케이션 시스템"이라 정의한다. 프로파간다는 하나의 사건을 이데올로기적 언어로 재기술하는 행위다. 새로운 웹의 시대에 이 주체와 주제는 중앙집권적이지 않다.

    한국 유튜브에는 남성을 겨냥한 레드필 콘텐츠가 쏟아져 나온다. 영화 〈매트리스〉 속 빨간 약을 먹은 것처럼, 성과 관련한 가혹한 진실을 받아들이고 자기 자신을 변화시켜야 한다는 이야기다. 미국에서는 백인 우월주의를 담은 컨트리 음악이 음원 차트 상위권을 차지한다. 패러다임 전환 없이는 유튜브의 레드필 콘텐츠와 2021년 미국 국회의사당 점거 폭동, 니제르인들의 친군 틱톡 영상을 제대로 독해할 수 없다. 지금 우리에게는 새로운 프로파간다 리터러시가 필요하다. Ⓣ

왕의 DNA. 중세적 세계관과 현대 과학 개념의 기묘한 조합이다. 자폐
스펙트럼 장애나 ADHD 등을 가진 아이들을 약물 없이 치료한다는 한
사설 기관이 만들어 낸 표현으로, 교육부의 5급 사무관을 통해 세간에
알려졌다. 우리는 이 표현에서 교권 추락을 본다. 내 새끼를 위해서는
어떤 민폐든 끼칠 각오가 되어있는 '내 새끼 지상주의'에 불쾌감을
느낀다. __ 신아람 에디터

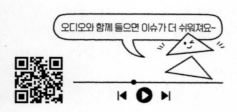
오디오와 함께 들으면 이슈가 더 쉬워져요~

WHY NOW

이 사건은 학부모의, 그것도 힘을 가진 학부모의 갑질로 소비되었다. 그러나 문제의 또 다른 본질이 대중의 분노 뒤에 있다. 절박한 부모들이 사이비 치료에 빠져드는 과정은 개인의 무지나 판단 착오에만 기인하는 것이 아니다. 마찬가지로 우울증 갤러리로 몰린 청소년 우울증 환자들에게도, 오은영 박사의 위로에 공감하며 스스로를 '금쪽이'로 인식하는 사람들에게도 이유가 있다.

왕의 DNA

문제의 표현을 사용하는 사설 민간 연구소는 ADHD(주의력 결핍 장애)나 자폐 스펙트럼, 발달 장애 등을 가진 아이들이 '극우뇌'형이라며, 좌뇌와 우뇌의 발달 차이가 장애의 원인이라고 주장한다. 전국초등교사노동조합이 공개한 해당 부모의 편지를 본 전문가는 이것이 전형적인 '사이비 치료'라고 단언했다. 실제로 "고개를 푹 숙여 인사하면 안 된다"는 지침 등 상식적으로 납득할 수 없는 내용이 다수 포함되어 있다.

부모의 선택

이런 사이비 치료를 선택하는 부모들은 어리석은가? 권정민 서울교대 유아특수교육과 교수는 그렇지 않다고 답한다. 권 교수는 논문에서 자폐성 장애 아동의 부모는 전문가와 상담 필요성을 강하게 느끼지만, 병원에서는 의사와 대면 시간이 매우 짧아 충분한 상담이 불가능하다고 지적한다. 또, 장애에 대한 지식과 정보가 부족한 상태에서 아이가 자폐성 장애 진단을 받게 되면 부모는 정보를 찾아 헤매게 되는데, 대부분 맘카페나 유튜브 등을 이용한다는 점도 문제의 원인으로 들었다. 리뷰나 정보를 가장해 사이비 치료사들이 활발한 마케팅을 펼치고 있는 공간이다.

어디에나 불안한 마음을 이용하는 사람들이 있네

21세기, 정보 접근권

부모들에게 필요한 것은 공신력 있는 지식과 정보, 믿을 수 있는 전문가의 도움이다. 그러나 이 모든 것은 너무 멀리 있다. 장애가 있는 아이를 어떤 과정으로 양육하고 지원해야 하는지, 사이비 치료가 무엇인지에 관한 정보를 찾는 일은 우리나라에서 쉽지 않다. 정부가 직접 나서 자폐 치료에 권장되지 않는 사이비 치료를 설명하는 미국이나 영국 등과는 차이가 크다. 또, 신뢰할 만한 전문가는 굳이 맘카페 등 온라인 공간에서 마케팅 활동을 하지 않는다. 그럴 필요가 없기 때문이다.

틱톡과 정신 건강의 관계성

도움이 필요한 사람들이 커뮤니티나 유튜브로 내몰린다. 그리고 이들의 존재가 검증되지 않은 의학 정보의 가치를 키운다. 더 많은 콘텐츠가 생산된다. 더 많은 사람이 현혹된다. 이 악순환의 고리가 미국에서는 틱톡과 의료계 사이의 갈등으로 터져 나왔다. 최근 미국 의학계에서 '해리성 정체 장애'를 호소하며 병원을 찾는 청소년이 늘고 있다는 이야기가 나온다. 우리에게는 '다중 인격'으로 알려진 이 현상은, 학계에서 아직 논란의 대상이며 전체 인구의 약 0.01~1퍼센트에서만

나타나는 것으로 추정된다. 그런데 틱톡에서 이 장애를 소재로 한 동영상이 인기를 끌고, 근거 없는 자가 진단법이 퍼지면서 청소년들이 스스로를 해리성 정체 장애라고 생각하게 되었다는 것이다.

트렌드의 부작용

심지어 더 많은 팔로워를 확보하고 '좋아요'를 받기 위해 해리성 정체 장애는 물론 틱 장애 및 투렛 증후군, 자폐 스펙트럼 등 각종 증상을 흉내 내는 콘텐츠도 생산된다는 것이 의학계의 주장이다. 그리고 이러한 '트렌드'는 각각의 증상이나 장애를 사소한 해프닝으로 축소한다. 제대로 된 치료를 받을 골든타임을 놓치게 하는 원인이 되기도 한다. 무엇보다, 정신 건강이나 발달 장애에 관한 '잘못된 편견'을 키운다. 의학계가 틱톡을 위시한 소셜 미디어를 주시하는 이유다.

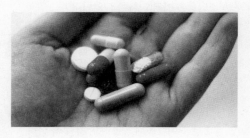

©사진: Ksenia Yakovleva

그들이 만든 세상

다만, 이런 주장을 공개적으로 했던 하버드 의대의 매튜 로빈슨 박사는

틱톡 이용자들로부터 매서운 공격을 받고 있다. 자신의 증상을 밝히고
활동하는 해리성 정체 장애 인플루언서들에게 '가짜'라는 낙인을 찍어
이들을 향한 혐오를 정당화했다는 것이다. 이들은 틱톡에서 형성된
커뮤니티가 스스로의 정체성을 찾고 경험을 공유하며 유대감을 형성할
수 있는 공간이라고 이야기한다.

우울증 갤러리 바깥에는

그러한 공간은 우울증을 앓고 있는 한국의 청소년들에게도 필요했다.
디시인사이드의 '우울증 갤러리'로 사람들이 몰렸던 이유다. 하루에
6000여 개 글이 업로드되는 이곳은 지난 4월 한 사용자의 극단적인
선택을 계기로 도마 위에 올랐다. 심리적으로 취약한 이용자들을
상대로 한 온라인 괴롭힘, 가스라이팅, 성범죄 등이 끊이지 않고
벌어졌다는 사실이 공개됐다. 하지만 이 게시판을 닫을 수는 없었다.
공유와 연대감이 필요한 청소년들은 아직도 다른 대안이 없다.

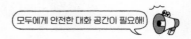

IT MATTERS

감기, 몸살에만 걸려도 항생제를 잔뜩 처방받을 수 있는 한국에서, 자폐
아동을 자녀로 둔 부모도, 우울증에 시달리는 청소년도 갈 곳이 없다.
한국이 정말 의료 선진국이라면 이들에게도 의료 접근권이 보장되어야
한다. 상담이 필요할 땐 그 문턱을 낮춰야 하고 공감과 연대를 구할 수
있는 건강한 공간도 필요하다. 그리고 무엇보다, 우리와 함께 살아가는
친구와 이웃으로서 이들의 모습이 편견과 왜곡 없이 알려져야 한다.
최근 EBS 아동 프로그램에 등장한 '별이'의 모습이 그 좋은 예시가 될

수 있다.

이와 함께 이 시대가 '완벽한 인생'을 강요하고 있는 것은 아닌지 돌아볼 필요도 있다. 권 교수의 논문에서 부모들은 아이의 장애를 수용하게 된 순간 사이비 치료에서 벗어나게 되었다고 증언한다. 자폐 스펙트럼을 고쳐내야 할 질병이 아니라 아이의 특성으로 받아들일 수 있어야 한다는 얘기다. 마찬가지다. 눈이 나쁜 사람도 있고 걸음이 느린 사람도 있다. 받아들여야 안경을 쓰고 자세를 고쳐 잡는다.

완벽한 인생을 이루지 못한 우리는 종종, '우리의 잘못이 아니'라는 위로를 받고 싶어 한다. '금쪽이'를 향한 공감도 그런 맥락에서 소비된다. 지금 나의 불행은 다른 누군가 때문이라는 이야기는 달콤하다. 내 아이의 현실이 부모인 내 잘못이 아니라 왕의 DNA, '극우뇌' 때문이라는 설명은 안심이 된다. 그러나 실은 다 알고 있다. 진짜 중요한 것이 무엇인지를 말이다. 완벽을 강요하는 사회에는 문제가 있다. 그것을 해결해야 한다. 문제를 떠안은 개인에게 각자도생이 강요된다. 그것도 해결해야 한다. 그리고 무엇보다, 우리가 우리를 사랑할 수 없도록 하는 그 모든 시도가 해결되어야 한다. ☉

"칸 시장은 물러나라!" 8월 29일 영국 런던에서 시위가 벌어졌다. 통행료 때문이다. 이날부터 노후 공해 차량은 런던에 진입할 때 약 2만 원을 내야 한다. 야당인 노동당 소속 사디크 칸 런던시장이 대기 오염을 줄이기 위해 내린 결정이다. 당장 새 차를 살 돈이 없는 런던 외곽 거주 저소득층이 반발했다. 집권당인 보수당 소속 리시 수낵 총리도 운전자의 편에 서겠다며 반대 의사를 밝혔다.

__ 이연대 에디터

최근 런던의 시위는 몇만 원짜리 통행료 이슈에 그치지 않는다. 갈등의 기저에는 문화 전쟁(culture war)이 있다. 탄소 중립은 좌파와 우파를 가르는 새로운 기준이 됐다. 좌파는 강력한 기후 변화 대책을 요구하고, 우파는 정책 속도를 늦추거나 거부한다. 영국뿐만 아니다. 유럽과 미국에서 기후 문제는 문화 전쟁의 전선으로 떠오르고 있다. 지구의 운명을 가를 이 전쟁의 향방은 미디어에 달렸다.

Climate Culture War

보수당이 집권한 영국에선 녹색 정책 축소가 검토되고 있다. 탄소 중립이 경제에 부담을 준다는 이유다. 미국도 상황은 비슷하다. 내년 대선에서 공화당이 집권하면 바이든 정부의 친환경 정책이 뒤집힐 거라는 전망이 나온다. 유럽 일부 국가와 미국에서 기후 문제는 더는 과학이 아니다. 지구 온난화의 과학을 수용하는 것은 낙태나 동성혼, 총기 규제처럼 개인의 정체성과 세계관을 반영하는 일로 여겨진다. '기후 문화 전쟁'이 시작됐다.

©사진: Mika Baumeister

과학 지식보다 정치 성향

국제 과학 기구들은 온실가스 축적으로 지구가 점점 뜨거워지고 국지적 기상 패턴의 변화를 일으킨다는 사실을 확인했다. 세계적인 과학 저널에 게재된 연구 논문들도 이러한 과학적 평가를 뒷받침한다. 즉 기후 변화에 대한 과학적 합의는 분명하다. 그러나 사회적 합의는 없다. 정치 성향에 따라 생각이 다르다. "지구 온난화의 주요 원인이 인간의 활동이냐"는 질문에 미국 민주당 지지자는 88퍼센트가 그렇다고 답했다. 공화당 지지자는 37퍼센트에 그쳤다.

이런 여론 흐름은 한국도 비슷하지 않을까?

2027년 한국

한국도 기후 문화 전쟁의 안전지대는 아니다. 탈원전과 후쿠시마 오염수 공방이 대표적이다. 2027년 대선에선 기후 문제가 주요 이슈로 부상할 수 있다. 그럼, 우리는 어떻게 과학과 정치를 분리할 수 있을까. 과학은 통계적 확률을 제시한다. "지구 온난화는 온실가스 배출 증가의 영향일 가능성이 매우 크다"는 연구 결론은 절대적 확실성을 갖지 않는다. 연관성은 있지만 인과 관계를 증명하기 어렵다. 담배가 그랬다. 흡연과 암 역시 통계적 확률은 있어도 인과 관계를 입증하기 어렵다. 그러나 사람들은 인과 관계를 받아들인다. 사회적 합의가 이뤄진 것이다.

언론의 역할

기후 회의론자들이 기후 위기가 과장됐다고 생각하는 까닭은 과학 지식이 부족해서가 아니다. 이념적 필터로 과학을 보기 때문이다. 자연 과학이 할 수 없는 일을 사회 과학이 할 수 있다. 여기에 언론의 역할이 있다. 문화적 인식 차이를 좁히는 사회적 합의는 공론장에서 이뤄지고, 공론장은 언론이 만든다. 그럼, 지금 우리 언론은 기후 변화에 대한 사회적 합의를 도출할 수 있는 좋은 기사를 생산하고 있을까. 그렇지 않다.

계절성 이슈

정치, 경제, 사회 중심의 뉴스룸에 기후 뉴스가 들어설 자리가 없다. 좋은 기사를 가져와도 지면이 꽉 차서 다음 날로 밀리는 경우가 많다. 한국 언론에서 기후 기사는 계절성 이슈로 인식되는 경향이 강하다. 폭염과 폭우가 잦은 여름, 폭설과 한파가 잦은 겨울에 피해 규모 위주로 보도된다. 스토리텔링 없는 현상 보도가 주를 이룬다. 사람은 숫자보다 이야기로 세상을 이해한다. 내러티브가 없으니 잘 읽히지 않는다.

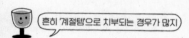

흔히 '계절템'으로 치부되는 경우가 많지

북극곰의 문제

공포심과 죄책감을 자극하는 기사도 많다. 미국 어느 사막에서 사상 최고 온도를 기록했다거나, 세기말이면 지구 기온이 몇 도까지 오를 수 있다거나, 빙하가 녹아서 북극곰이 서식지를 잃었다는 보도가 대표적이다. 이런 보도는 기후 문제를 지금 이곳의 문제가 아니라, 나중 저곳의 문제로 인식하게 한다. 기후 위기의 실상을 체감하기 어렵고,

대응할 수 없는 문제로 만든다. 구체적인 해법을 제시하는 기사가
드물다.

따옴표 저널리즘

정재계 인사의 발언을 검증하지 않고 그대로 보도하는 관행도 문제다.
2020년 10월 김종인 국민의힘 비상대책위원장은 "독일은 탈원전
시작 후 석탄 발전소를 많이 짓게 됐다"고 말했다. 이후 주요 언론이
그 말을 그대로 인용 보도했는데, 잘못된 정보였다. 실제로 독일의
석탄 발전소는 2011년 탈원전 선언 이후 꾸준히 줄었다. 검증되지
않은 정치인의 말이 기사가 되면 기후 문제는 정치 공방, 진실 공방의
대상으로 전락한다.

사일로에 간힌 보도

기후 문제는 정치, 경제, 사회, 문화, 테크, 모든 영역에 걸쳐 있다.
글로벌 OTT 서비스의 데이터 센터가 탄소 배출의 주범이라는 기사만
해도 국제, 경제, 테크, 문화가 얽혀 있다. 그런데 국내 언론의 취재
방식은 사일로에 간혀 있다. 주요 언론사 기자들은 정해진 출입처가
있다. 교육부 출입 기자는 교육부를 드나들며 교육 기사를 쓰는 식이다.
이런 출입처 문화에서 기후 문제는 환경 기사 또는 사회 기사로만
다뤄진다. 기후 위기의 관점에서 쓴 정치 기사, 교육 기사, 스포츠
기사가 더 많이 나와야 한다.

"인류는 집단행동이냐 집단 자살이냐, 갈림길에 있다." 2022년 7월 UN 사무총장이 기후 위기를 두고 한 말이다. 세계 주요 언론사는 이미 뉴스룸의 우선순위를 기후 위기에 두고 있다. 2019년 영국《가디언》은 환경 서약을 발표했다. 전 세계가 직면한 환경 위기를 더 정확하게 표현하기 위해 '기후 변화' 대신 '기후 위기'라는 용어를 사용하고, 화석 연료 채굴 기업의 광고를 싣지 않고, 2030년까지 탄소 중립을 달성하겠다고 선언했다.

국내 언론도 변화하고 있다. 2020년《한겨레》는 국내 최초로 기후 보도를 전문적으로 다루는 기후변화팀을 만들었다. 고무적인 변화지만, 기자 네 명이 사회 전반의 모든 기후 이슈를 다룰 수는 없다. 다른 부서도 기후 보도에 참여해야 한다. 기후 문제가 보편적 가치이고 여러 분야에 걸친 문제임을 고려할 때 장기적으로는 전담팀에 맡길 것이 아니라 모든 영역의 기자가 기후 리터러시를 학습하는 방향으로 나아가야 한다.

1969년 11월 12일 미국의 프리랜서 기자 시모어 허시는 작은 통신사에 기사 한 편을 송고했다. 미국 육군 중위 윌리엄 캘리가 최소 109명의 베트남 민간인을 학살했다는 내용이었다. 이튿날 주요 언론이 이 기사를 내보냈다. 이후 반전 여론이 폭발한다. 이 기사로 허시는 퓰리처상을 수상하고, 베트남전 종전을 앞당겼다는 평가를 받는다. 기후 문화 전쟁이 가속하는 지금, 모든 언론인은 종군 기자가 되어야 한다. ⊤

'스트림플레이션(streamflation)'이라는 신조어가 등장했다. 넷플릭스, 훌루, 디즈니플러스 등이 일제히 광고 없는 정기 구독의 가격을 인상하면서다. 《월스트리트저널》에 따르면 주요 스트리밍 플랫폼의 광고 없는 정기 구독료는 1년 새 평균 25퍼센트 상승했다. 특히 디즈니플러스는 오는 10월부터 광고 없는 요금제가 3달러 인상되는데, 이는 2019년 출시 당시 가격의 두 배다. 소비자는 시험에 들고 있다. __ 이현구 에디터

©사진: Oscar Nord

WHY NOW

2007년 넷플릭스 스트리밍 서비스의 등장으로 우유나 신문에 그쳤던
구독 경제의 온라인 확장성이 입증됐다. 2011년 마이크로소프트가
'오피스 365'를 출시하며 구독 경제는 비즈니스 모델의 새로운 축이
됐다. 그로부터 십여 년, 소비자들은 구독 피로(subscription fatigue)를
호소하고 있다. 소비자도, 기업도 구독 경제의 재검토가 필요한
시점이다.

밑당의 경제학

연방준비제도(FOMC)가 금리 인상을 '시사'하기만 해도 장은 하락
마감한다. 연준의 회의록은 향후 금리 추이를 보기 위한 투자자들의
단서이기 이전에 연준이 시장의 간을 보는 겜지다. 스트리밍 플랫폼
시장에도 비슷한 일이 몇 년째 벌어지고 있다. 넷플릭스는 계정 공유
단속 및 유료화를 예고하며 소비자 반응을 살폈다. 저항은 거셌다.

지난해 11월 정보통신정책연구원이 진행한 설문 조사에서 넷플릭스
구독자 120명 중 42.5퍼센트가 계정 공유를 유료화하면 구독을
취소하겠다고 답했다. 돈을 내겠다는 이용자는 24.2퍼센트에 불과했다.
스트림플레이션은 오랜 밀당의 종언이다.

ⓒ사진: Sayan Ghosh

규모의 경제

플랫폼은 규모의 경제다. 출혈을 감내하며 규모를 키우고 점차적으로
수익화한다. 스트리밍 기업들도 같은 전략을 썼다. 넷플릭스 창업자
리드 헤이스팅스의 '파괴적 혁신' 이후 대항마가 없을 것 같던 시장은
2018년 격변한다. 아마존을 포함, 각종 대기업이 스트리밍 시장에
뛰어들며 넷플릭스의 독주는 깨진다. 각사의 핵심 전략은 '킬러
콘텐츠 확보'였다. 콘텐츠 원가는 기하급수적으로 늘었다. 대표적으로
넷플릭스의 콘텐츠 원가는 2012년 17억 5000만 달러에서 2022년까지
9.5배 증가했다. 가격 경쟁력 확보를 위해 수익화 시점은 뒤로 밀렸다.
넷플릭스를 제외하면 모두 적자인데 영업 이익마저 악화하고 있었다.
스트림플레이션은 일종의 청구서인 셈이다.

한국 OTT는 적자 상황이 더 처참하지

역(逆)코드 커팅

문제는 소비자의 지갑 사정이다. 과거 소비자가 케이블TV의 코드를 자르고 스트리밍 플랫폼으로 넘어갔다면 이제는 '코드 커팅(cord-cutting)'이 구독 서비스를 향하고 있다. 경기 불황 때문이다. 미국에서는 구독 지출 등 개인 예산을 관리하는 앱이 주목받고 있다. 대표적으로 로켓머니(Rocket Money)가 있다. 《월스트리트저널》은 로켓머니 등을 인용해 미국 소비자들 사이에서 각종 디지털 멤버십이나 스트리밍 서비스 등 값비싼 구독 습관에 대한 재고가 이뤄지고 있음을 보도했다. 특히 주요 스트리밍 서비스의 구독 취소는 2022년에 전년 대비 49퍼센트 증가했다. 잊고 있던 유료 구독은 해지되고 소비자는 더 쉬운 구독 취소를 원한다.

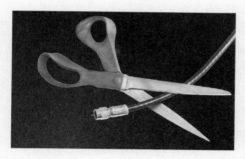

©사진: zimmytws

구독자 이주 계획

《월스트리트저널》은 스트리밍 기업들이 "고객의 충성도를 시험하고 있다"고 묘사했다. 가격을 높여도 구독을 끊지 않으리라는 그들의 베팅을 빗댄 말이다. 출구 전략은 광고 요금제다. 대부분 플랫폼은 광고 유무에 따라 가격이 두 배 차이 난다. 디즈니 CEO 밥 아이거는 2주 전 열린 콘퍼런스 콜에서 "더 많은 구독자가 광고 지원 층으로 이동(migrate)할 수 있게 가격 전략을 활용하고 있다"고 말했다. 실제 스트리밍 기업들은 광고 요금제가 점차 광고 제외 요금제보다 이익이라는 결론에 도달하고 있다. 구독자 이주 계획에 따르거나 즐겨 보는 콘텐츠를 포기하거나. 기존 구독자에겐 선택의 시간이 온 것이다.

광고 볼래, 구취(구독 취소) 할래?

광고 요금제의 허점

그럼에도 광고 요금제는 넷플릭스와 디즈니플러스의 신규 구독자를 늘렸다. 아이거는 광고 요금제 도입과 광고 없는 구독료 인상 이후 해지 고객은 거의 없고 신규 구독자도 늘었다고 설명한다. 주목할 건 디테일이다. 한국콘텐츠진흥원의 글로벌 OTT 동향 보고서가 인용한 자료에 따르면 현재 넷플릭스 이용자의 11퍼센트, 디즈니플러스 이용자의 19퍼센트가 광고 요금제를 이용한다. 다만 이들 중 상위 요금제에서 하향 변경한 경우는 15퍼센트에 불과했다. 구독자 이주 계획이 생각만큼의 효과를 거두지 못한 것이다. 기존 구독자는 가격이 조금 인상되더라도 광고 없는 넷플릭스를 원한다는 의미다. 가격을 올리면 플랫폼을 아예 이탈할 가능성이 있다.

뉴 케이블

S&P 글로벌마켓인텔리전스에 따르면 하나 이상의 스트리밍 서비스를 이용하는 미국 가정은 이미 평균 4.1개의 서비스를 쓴다. 미국의

커뮤니티 레딧의 코드 커터(cord cutter) 서브레딧에서는 여러 스트리밍 서비스를 이용하는 현 상태를 '뉴 케이블(new cable)'이라고 말한다. 글쓴이의 분석에 따르면 과거의 케이블과 지금의 스트리밍을 여럿 구독하는 것에 가격 차이는 크지 않았다. 문제는 스트리밍 서비스들이 결국 케이블이나 다를 바 없이 인식되는 현 상태다. 리뷰 전문 매체 Reviews.org에 따르면 단 하나의 서비스만 이용해야 할 경우 넷플릭스를 꼽겠다는 답변이 43퍼센트였다. 기사에 대한 레딧의 반응은 대부분 조소였다. 넷플릭스가 잃고 있는 건 돈이 아니라 팬덤인 것이다.

 케이블 시절과 차이가 없어지는 거 아닐까?

넷플릭스를 구독한다는 것

한정훈 다이렉트 미디어랩 대표는 현재 글로벌 스트리밍 시장에서 '오리지널의 공식'이 깨졌다고 말한다. 아마존은 〈반지의 제왕: 힘의 반지〉 등 1억 달러 오리지널 콘텐츠에 투자했지만 실적은 좋지 않았다. 넷플릭스 역시 오리지널보다 라이선스 방식에 힘을 싣고 있다. 올해 1분기 넷플릭스 내 콘텐츠 수요 역시 오리지널에 비해 라이선스가 높았다고 알려진다. 여기에 디즈니플러스와 훌루, ESPN플러스를 번들링하는 디즈니의 전략은 케이블의 그것을 연상케 한다. 지출 감소를 위해 일부 콘텐츠의 삭제도 이뤄지고 있다. 광고가 붙은 만능 채널이 되어갈수록 옅어지는 건 브랜딩이다. 개인화된 섬네일 포스터 디자인과 '두둥'과 같은 시그니처 사운드, 개성 있는 큐레이션 방식은 넷플릭스 구독을 힙하게 만드는 숨겨진 성공 전략이었다.

©사진: freestocks

IT MATTERS

미국의 사회행동학자 배리 슈워츠(Barry Schwartz)는 선택지가
지나치게 많을 때 판단이 어려운 현상을 '선택의 역설'이라 말한다.
지금의 구독 경제를 꿰뚫는 말이다. 구독 경제의 본질은 신뢰를
바탕으로 선택지를 줄이는 데 있다. 대체 불가능한 혜택이 더해지면
락인(Lock-in) 효과를 발휘한다. 가령 넷플릭스는 개인화 알고리즘의
고도화로 선택의 불편을 줄인 것 이외에도 그 존재만으로 기존
케이블보다 볼거리가 많다는 신뢰를 줬다. 계정 공유와 다양한
스크린에서의 범용성은 넷플릭스의 대체 불가능한 혜택이었다. 구독
과포화 현상으로 플랫폼 간 차별성이 사라지고 과거의 산업 구조와의
구별도 희미해지는 지금, 구독 경제가 고민할 것은 다시 브랜딩이다.

본질을 잃은 구독 모델은 처참한 성적표를 든다. 한국 정부가
지난 2021년부터 추진해온 소상공인 구독 경제 지원 사업이
대표적이다. 참여한 소상공인의 32.8퍼센트는 매출 0원, 31.2퍼센트는
매출 100만 원 이하로 나타났다. 쿠팡, 티몬, 위메프 등 대형 민간

업체와 손을 잡은 곳만 매출 증가를 맛봤다. 반면 섬세한 브랜딩으로 부진한 업계에서도 투자를 유치한 곳이 있다. 미국의 유료 미디어 매체 '퍽(Puck)'이다. 서브스택과 같이 작가 개개인의 브랜딩을 강화하고 구독자와의 접점을 높인 이 매체는 기사의 카테고리를 '할리우드', '실리콘밸리', '워싱턴' 등으로 나눈 게 특징이다. 흥미로운 주제를 다루면서도 고급스럽고 업계에 정통한 이들의 통찰이라는 인상을 준다. 이들은 8월 초 시리즈B에서 1000만 달러 이상을 투자받았다. 팬덤을 놓치면 성장은 멈춘다. ⊺

일본 정부가 후쿠시마 오염수와 관련한 중국발 가짜 정보에 본격 대응할 것이라 예고했다. 일본 외무성은 악질적인 허위 정보에 대응하기 위해 미국, 한국과 협력을 강화하고 있다고 밝혔다. 일본의 결심에서 주목해야 할 건 '허위 정보'라는 라벨링이다. 후쿠시마 오염수를 향한 불안은 어떻게 근절해야 할 악질적인 허위 정보가 된 걸까?
__ 김혜림 에디터

explained 오디오,
아직도 안 들어 보셨다구요?

과학의 언어로 쓰인 정보는 객관적이다. 반면 감정의 호소로 쓰인 불안은 주관적이다. 그 둘을 나누고 정의하는 일은 역설적으로 과학과 객관보다는 감정과 정치의 영역이다. 어떤 정보는 의문을 제기할 수 없는 정언명령이 되고, 어떤 정보는 믿어서는 안 되는 허위 정보가 된다. 점차 더 정보는 혼란스럽고 미덥지 않은 대상이 될 것이다. 미디어 리터러시는 무엇이 허위 정보인지를 판단하는 방법론에서 한 걸음 더 나아가야 한다.

그 누구의 책임도 아닌 허위 정보

일본 정부는 후쿠시마 오염수를 향한 불안을 허위 정보라 일축했지만, 그 정보가 가져온 효과는 작지 않았다. 피해를 감당하는 이들은 다름 아닌 중국에서 일식 레스토랑을 운영하는 이들이다. 로이터통신이 보도한 바에 따르면 중국의 많은 일식 레스토랑이 일본의 오염수 방류 계획으로 인해 운영에 어려움을 겪었다. 재료는 떨어졌고, 고객들은 일식집을 찾지 않았다. 일본 정부는 중국 국민의 불안, 한국 어민의 한탄을 허위 정보를 믿어서 생긴 일이라 정의했다. 허위 정보는 설득의 대상이 아닌 근절의 대상이다. 이들의 불안은 그 누구도 책임지지 않는다.

(비)과학

후쿠시마 오염수 방류가 '안전하다'는 입장은 '위험하다'는 주장을
비과학적이라 규정한다. 실상은 어떨까? 카이스트에서 핵 역사를
연구하는 우동현은 우리가 과학으로 알 수 있는 건 "바다에 다양한
핵분열 물질이 있다"는 사실 뿐이며, "방류된 후쿠시마 오염수로
인해 우리가 피해를 받을지의 여부에 관해서는 결코 알 수 없다"고
지적한다. 후쿠시마 오염수 방류를 둘러싼 주요 쟁점 중 하나는
삼중수소의 체내 축적의 문제다. 이 위험성을 측정한 과학적 연구는
전무하다. 확실한 결론은 이렇다. 우리는 아직 후쿠시마 오염수가
위험한지, 안전한지 모른다.

미지의 영역을 활용하는 법

권력은 이 '미지의 영역'을 영리하게 활용해 왔다. 체르노빌의 사례가
대표적이다. 체르노빌 사고 직후, 정부는 사고와 오염의 위험을

축소하고 문제를 은폐했다. '모른다'는 지점은 그들에게 유리한 도구가 됐다. 당시 과학자들은 "저선량 피폭이기 때문에 피해를 알 수 없다"는 말로 관련 논의를 마무리했다. 피폭 피해자들의 증언은 과학에 배치되는, 비과학적인 주장이 됐다. 냉전 시기라는 시대적 배경은 그들의 이야기를 '정치적 논쟁'으로 비췄다. 그렇게 체르노빌 피폭 피해자들의 피해 보고는 허위 정보가 됐다.

아스파탐의 역사

권력은 미지의 정보를 허위 정보로 정의해 오기도 했지만, 때로는 의도적으로 정보를 미지의 영역에 밀어 넣기도 했다. 아스파탐의 위험성을 둘러싼 지난한 역사가 그 사례다. 1990년대부터 아스파탐의 잠재적 위험성은 제기돼 왔다. 1997년 이탈리아의 라마치니 연구소는 아스파탐과 악성 종양의 상관관계를 밝힌다. 그러나 논의는 지지부진했다. 이해관계가 엮인 기업들이 그에 반하는 연구 결과를 제시했기 때문이다. 기업의 주도하에 진행된 연구는 모든 정보를 투명하게 공개하지 않았다. 아스파탐을 둘러싼 수많은 연구는 외려 시민들을 혼란스러운 상태에 남겨 뒀다. 지난 7월 IARC가 발표한 연구 결과는 이해관계의 여지를 배제한 연구 결과였다. 근 30년간 시민 사회는 아스파탐의 위험성을 인지할 수도, 측정할 수도 없었다. IARC의 발표가 영세 막걸리 업계까지 뒤흔든 데는 이런 답답함의 역사가 자리한다.

봉사가 건강식품이 된 사연

정보 유통 환경의 변화는 정보의 허위 여부를 둘러싼 논의 과정과

결정 자체를 특정 장소에 가두기도 했다. 일부 온라인 커뮤니티에서는
봉사가 암과 관절염을 치료하는 만능 치료제로 소개된다. 틱톡이
이 정보를 이어받았다. '봉사 섞은 과일 음료'는 알고리즘을 타고
건강식품으로 둔갑했다. 언론사 복스(Vox)는 맥락이 무시된 채
순식간에 퍼져나가는 트렌드가 특히 더 위험할 수 있다고 지적한다.
정보의 빠른 유통 속도와 지나치게 높은 접근성이 오히려 정보를 향한
"심도 있는 검토"를 제한하기 때문이다. 틱톡에서 유통되는 정보는
분명 무한히 열려 있는 대상이다. 그럼에도 불구하고 그러한 정보는
공론장에 오르지 못한다. 이해되지 않고, 금방 사라질 트렌드이기
때문이다. 이 점에서 틱톡의 만병통치약 봉사물은 일부 알고리즘에
갇힌 폐쇄적 정보다.

봉사가 건강식품이 되다니! 알고리즘에 갇힌 정보는 위험할 수 있어

트럼프의 백신

트럼프는 허위 정보라고 정의하는 일이 불러올 정치적 효과를
영리하게 사용했다. 1998년, 영국 의사인 웨이크필드는 부정한
금전적 이득을 취하고 MMR(홍역·유행성이하선염·풍진)
백신이 자폐증과 상관관계를 맺고 있다는 연구 결과를 발표한다.
웨이크필드의 주장은 과학계에서는 명백한 허위 정보지만, 정치와
사회 영역에서는 아니었다. 트럼프는 '백신이 안전하다'는 사실을
허위 정보(fake news)라 정의했다. 그는 "아이들과 아이들의 미래를
(예방접종으로부터) 구하자"고 외쳤다. 웨이크필드의 망령은 긴 시간
지속할 것이다. 미국 시민 네 명 중 한 명은 백신에 칩이 들어있다고
믿는다.

©사진: Ed Us

정보 혼란의 시대 앞에서

허위 정보는 복잡한 문제다. 국가의 선택에 따라 미지의 영역은 허위 정보로 단정된다. 때로는 기업의 전략적 선택이 정보의 불확실성을 야기하기도 한다. 정보를 쏟아붓는 새로운 유통 환경은 믿어서는 안 될 정보를 나만 아는 소중한 정보로 둔갑시킨다. 중요한 건 기술 발전이 이 흐름을 심화한다는 측면이다. 생성형 인공지능은 진실인지 거짓인지 구분할 수 없는 정보를 무한히 만들어 낼 것이며, 이들은 다시 빅데이터로 투입된다. 탈중앙화된 소셜 미디어는 외부와 단절된 채 내부의 믿음을 강화하는 데 유리하다. 트렌드의 속도는 더욱 빨라질 것이고 언론과 시민 사회는 그를 모두 검토하는 일을 포기할 것이다. 이미 도착한 정보 혼란의 시대에서, 이제 주목해야 할 것은 누가 왜 이 정보를 허위라 규정하는지, 누가 왜 이 정보를 믿고 따르는지다.

 기술의 발전 속도가 가속화하는 만큼 정신을 더 똑바로 차려야 해그간 미디어 리터러시는 무엇이 허위 정보인지, 아닌지를 판단하는 방법에만 집중해 왔다. 정보의 출처와 일자, 저자를 확인하라는 식이다. 그러나 정보를 향한 혼란이 디폴트값이 될 때, 사후적 대처는 무력해진다. 미래를 위한 미디어 리터러시는 한 걸음 더 나아가야 한다. 이 정보는 왜 '사실'이 되었고, '허위'가 되었는가? 그 결정은 누가 내렸는가?

미국의 정신과 의사 로버트 제이 리프턴은 전체주의적 사고를 만드는 언어의 특징으로 '사고 차단 클리셰(Thought-termination cliché)'를 꼽았다. 사고 차단 클리셰란 광범위하고 복잡한 문제를 간단하고 환원적인 언어로 빠르게 정리하는 행위를 뜻한다. "그거 가짜 뉴스야." 대표적인 사고 차단 클리셰의 사례다.

세상에 필요치 않은 정보는 없다. 정보의 생애 주기 전반에 사람들의 욕망이 단단히 엮여 있기 때문이다. 사고 차단 클리셰를 넘어서야만 시민은 권력의 말과 정의에 휘둘리지 않을 수 있다. 이는 시민의 권리이지만 동시에 의무이기도 하다. ❼

톡스에서 내 일과 삶을 변화시킬 레퍼런스를 발견해 보세요.
사물을 다르게 보고 다르게 생각하고 세상에 없던 걸 만들어 내는
혁신가를 인터뷰했어요.

즐거운 동네 생활을 만드는 새로운 로컬 미디어

빠르고 복잡한 도시에서 우리에게 필요한 것은 최선의 선택을 위한 가이드다. 홍대와 망원, 공덕에서 상암까지. 서울에서 가장 젊고 가장 복잡한 동네 마포구에서 길을 헤맨다면 로컬 큐레이터 '도보마포(@dobomapo)'가 길잡이가 되어줄 수 있다. 도보마포는 걷기의 리듬으로 마포구를 이야기한다. 자동차에 타서는 알 수 없는 좁고 구불구불한 마포의 골목을 걷고 누비고 머문다. 장소가 품은 이야기, 사장님의 뚜렷한 취향을 전달하는 도보마포는, 어느새 주민들의 생활 자체를 새롭게 변화시키고 있다. 애정 어린 콘텐츠에 수많은 '좋아요'가 모이자 마포구 바깥에서도 도보마포를 주목한다. 동네에 대한 애착과 특유의 유머, 브랜딩 감각은 지금의 도보마포를 '마포구 대표 로컬 미디어'로 거듭나게 하고 있다. __ 백승민 에디터

인스타그램 팔로워 5만 명 달성을 앞두고 있다. 준비하는 이벤트가 있나?

1만 명 달성 때는 굿즈, 2만 명 때는 마포능력검정고시 이벤트를 열었다. 지난 6월, 4만 명 달성 후에는 팝업 스토어였다. 팔로워 5만 명을 앞두고 역시 11월에 마포구 서교동에서 로컬 행사를 기획 중이다. 직접 개최하는 건 아니고 플레이어 중 하나로 참여하는데, 지난 팝업보다 규모도 크고 굿즈도 추가로 제작한다.

지난 6월 팝업이, 소위 말해 대박이 났다.

덕분에 새로운 기점이 됐다. 신수동 카페 '도덕과 규범'에서 '(도)부스토어'라는 이름으로, 마포구를 대표하는 네 곳의 브랜드와 협업했던 행사다. 계정을 시작하고 1년 반 동안은 마포를 소개하고 알리는 데 집중했다. 지금은 확장의 시기다. 오프라인 팝업은 로컬을 소개하는 크리에이터가 이런 것도 할 수 있다는 걸 보여주는 도전이자 선포였다.

2023년 6월에 진행한 팝업 (도)보부스토어 현장 ⓒ도보마포

<u>도보마포의 정체성이 확실해지는 과정 같다.</u>

개인 인플루언서였다면 하기 어려운 플레이다. 도보마포가 하나의
브랜드가 되었기에 가능한 일이다. 도보마포는 인스타그램을 통해
마포구의 여러 가게, 가게에 얽힌 이야기와 분위기를 소개한다.
그렇지만 맛집 계정이나 인플루언서 계정은 아니다. 지향은 마포구의
모든 정보를 알리는 정보통이다. 그러려면 개인의 정체성을
내세우기보단 브랜드로서 존재해야 한다. 간혹 인터뷰로 얼굴이
노출되고는 있지만 최대한 계정에서는 개인을 드러내려 하지 않는다.

<u>개인이 드러나진 않지만, 글에는 개성이 넘친다.</u>

실제 성격과 도보마포의 페르소나는 굉장히 다르다. 화자는
존재하지만, 그게 한 사람으로 느껴지지 않도록 하는 게 가장 큰
미션이다. 리테일 영역에서 같은 브랜드여도 29cm의 소개와 무신사의
소개는 다르다. 이런 것처럼 편집력 있는 브랜드로서 존재하고 싶다. 그
콘셉트는 드립을 가미한 장난기 많은 캐릭터다. 예능 PD가 꿈이었는데,
못다 핀 꿈을 도보마포로 풀어내고 있다.

<u>메모를 많이 하는 편인가?</u>

엄청 많이 한다. 유행했던 드라마 〈카지노〉나 〈더글로리〉 등 대사를
휴대폰 메모장에 빼곡히 적어두고 어떻게 활용할지 고민하곤 한다.
최근 〈무빙〉이 인기도 명대사도 많은데, 이런 콘텐츠가 나와 주면 매일
'드립'을 고민하는 나로선 반갑고 고마울 따름이다.

일본의 월간 패션 잡지 《뽀빠이》 매거진 2023년 7월호 'SEOUL CITY GUIDE'에 소개된 도보마포 ©도보마포

《뽀빠이》 매거진에 소개된 이후 신한카드 등 다양한 브랜드와 협업하고 있다.

이전에도 브랜드 협업 콘텐츠는 진행했는데, 《뽀빠이》가 새로운 트리거가 된 것 같다. 《뽀빠이》가 서울의 다양한 동네별 특징을 다루려고 기획하다가 도보마포를 알게 되었다며 연락이 왔다. 도보마포에게는 '도보'로 '마포'를 걸어 다닌다는 뚜렷한 콘셉트가 있다. 그 콘셉트를 푸는 방식에 있어서 담백한 사진이 주효했다. 기존의 맛집 계정 사진들을 보면 대비가 높고 글자가 많지 않다. 자극과 피로함보다는 눈에 편안함을 주고 싶었다. 대신 포인트는 두 줄의 카피, 진정성 있는 이야기다. 외부에서 연락을 받을 때는 그런 룩이 좋다는 말을 듣곤 한다. 편집 방식 덕에 개인보다는 매거진 혹은 브랜드로 인식되는 듯하다.

기아자동차와의 컬래버레이션은 도보라는 콘셉트를 깬 것 아닐까?

처음엔 거절했었다. 걷기와 자동차는 어울리지 않으니까. 그런데 도보마포의 콘셉트를 살려, 경차로 마포의 좁은 골목을 다니는 걸로 풀어 보면 재밌을 거란 생각이 들었다. 서울은 '골목의 도시'이고 마포는 그 골목 문화가 잘 살아 있는 곳이다. 새로운 콘셉트하에 경차를 이용해서 콘텐츠를 풀어 봤더니, 정성적인 평가가 좋았다. 의외로 잘 붙는다는 반응도 있었고. 개인적으로는 로컬 브랜드가 전혀 생각지 못한 방식으로 콘텐츠를 만들 수 있다는 실험이기도 했다.

기아자동차 협업 콘텐츠 ⓒ도보마포

사이즈가 커졌다. 본업 외에 사이드 프로젝트로 하기에는 체력적으로 지치지 않나?

처음 시작할 때 1년 동안 꾸준히 한다는 게 가장 큰 목표였다. 꾸준하려면 가벼워야 하니까 하루에 한 시간만 투자했다. 주말엔 좀 더 시간을 쓰더라도 평일엔 여전히 한 시간이다. 출퇴근 길에 모바일로 습관처럼 쓰는, 그 한 시간이 꾸준함의 장치다.

여전히 스트레스가 없나?

그렇다. 힘들 때는 안 한다. (웃음) 혼자 운영하는 거니까. 책임감은 있지만 부담감은 없는 상태다.

하루에 하나씩 꾸준히 올리면 통할 거라는 건 알았나?

본업이 브랜드 마케터다. 전략적으로 알기는 했다. 네이버 블로그든 인스타그램이든, 잘되는 계정을 보면 초반 업로드가 꾸준하다. 어느 정도 하면 궤도에 오른다는 걸 알고 있었다. 마포구에서 30년을 넘게 살다 보니 머릿속에 쌓아 둔 콘텐츠가 이미 많기도 했다.

나만 알고 간직할 수도 있는 정보들이다. 왜 소개해야겠다고 생각했나?

스무 살 대학에 진학했을 때 내 포지션은 '홍대에서 온 애'였다. 한창 홍대 앞 문화가 흥할 때다 보니 특별하게 인식된 게 있다. 거기에 원래 동네에 대한 애정은 있었으니까, 좋아하는 곳들은 항상 메모장에 정리해 두었다. 중요한 소개팅이나 약속이 있는 친구들에게 인원 수, 테이블 간격, 음악 크기 등을 따지며 1차 2차 코스를 추천해 주는 건 일상이었다. 이렇게 쌓인 데이터를 좀 더 퍼블릭하게 풀어 보고 싶단 생각이 들었다. 마포에 발을 딛고 평생 살아왔으니 같은 말을 해도 진정성 있을 거란 확신도 있었고. 최근 합정에 있는 '콩청대'라는 밥집을 소개했다. 옛날부터 좋아하던 곳을 올린 건데, 댓글 반응이 재밌다. '여기 올라오면 안 되는데', '올라올 게 올라왔다' 이런 반응이다. 주민들이 마음속에 간직하던 공간을 소개하다 보니 공감을 얻으면서 힘이 실린 것 같다.

뿌듯한 반응이었겠다.

오랜만에 하나 터졌단 느낌. (웃음) 힙하고 트렌디한 것과는 거리가 먼 조그마한 밥집이 뭐라고 사람들이 그렇게 반응하고 공감할까 싶지만, 진정성을 가지고 운영하는 곳이다. 도보마포 계정에 올라오는 가게는 그렇게 자기만의 무기가 있는 곳들이다. 그걸 알아봐 주는 사람도 마포에 모여 있어서 그 색깔이 더 강해지는 것 같다.

가게의 스토리를 풀어내려면 사장님과도 대화해야 할 텐데, 구체적인 방법이 있나?

도보마포는 맛집 소개 계정이 아니니까 단순히 맛있다, 좋다라는 표현보다는 사장님의 히스토리나 가게에 담긴 비하인드 스토리로 접근한다. 먼저 도보마포인 걸 알리진 않고 조심스럽게 인터뷰를 한다. 잘 먹었다는 말과 함께 언제 생겼는지, 왜 이 장소로 오게 되었는지 여쭤본다. '고미태'라는 식당 이름이 사장님의 별명에서 나왔다든가, '연희동 국화빵'이 어쩌다 시작하게 되었는지 같은 건 그런 은밀한 인터뷰를 통해 얻어낸 스토리다.

도보마포가 관찰한 마포의 특별한 점이 궁금하다.

주인 의식, 자기만의 세계를 가지고 싶은 마음이라고 정의할 수 있을 것 같다. 유행과 트렌드보다는 자기만의 콘셉트가 있는 사람들이 모여 사는 곳. '홍대병'이라고도 하지 않나. 자기만의 리스트업을 짜놓고 그 안에서 디깅하는 거다. 그런데 아이러니하게 스리슬쩍 자기 취향을 알리고도 싶고. 콩청대 포스트에 달린 댓글이 딱 마포를 보여 준다고 생각한다. '여기 올라오면 안 되는데'를 뒤집어 말하면 '나도 원래 여기 알고 있어'거든.

'도프라인'이라는 모임으로 구독자들과 만나기도 했다. 실제 마포 주민들도 그랬나?

가설이 들어맞았다. 보통 샤이(shy)하고 벽이 높은데, 자기만의 세계가 있다. 지도 애플리케이션에는 수많은 별표를 찍어두고. 도보마포의 타깃은 이런 동네 주민들이다. 포스트를 작성할 때도 마지막 체크리스트는 '주민들에게 편안한 곳인가'이다. 세수 안 하고 모자 쓰고 슬리퍼 끌고, 동네 사랑방처럼 갈 수 있는 단골집이 될 만한 곳을 소개하고 싶다.

도보마포가 마포구민을 닮았나 보다.

정말 그렇고, 계속 마포의 특별한 분위기를 담아내고 싶다. 마포구에 대한 특별한 애정이 콘텐츠의 톤과 지속성을 만든다. 도보마포처럼 로컬 큐레이터를 하고 싶다는 많은 분들이 연락을 주곤 한다. 콘텐츠를 잘 살려서 표현하는 것도 중요하지만, 무엇보다 내가 동네를 누구보다 잘 알고 좋아하는가라는 물음이 필요하다. 관계를 맺는 이유, 꾸준히 정보를 공유하려는 가장 첫 번째 이유는 마포구에 대한 애착이다.

애정이 브랜드가 된 셈이다.

도보마포는 마포의 대표 로컬 미디어가 되는 게 목표다. 지금은 공간 중심으로 소개하고 있지만 공간 외에도 마포 주민들과 함께 알면 좋은 정보를 더 많이 소개하고 싶다. 가령 장마 시에 어디로 대피해야 하는지, 지금 마포에 어떤 소식이 있는지 등. 중립성 있는 정보를 잘 전달하는 로컬 미디어가 되고 싶다는 큰 비전이 있다.

비전을 이루기 위해 계획하고 있는 것이 있나?

도보마포의 브랜드를 더 확장할 계획이다. 팝업을 하거나 굿즈를 만들거나 브랜드 간에 새로운 콘텐츠를 만드는 새로운 시도들을 통해 로컬을 소개하는 계정으로서 끝까지 가보고 싶다. 도보마포가 진화를 거듭할수록 마포구의 생활은 더 즐거워지지 않을까. ⓣ

위쪽 페이지 위부터 시계 방향으로
도보마포 로고 ⓒ도보마포
도보마포 인스타그램 ⓒ도보마포
2023년 6월에 진행한 팝업 (도)보부스토어 현장 ⓒ도보마포
도보마포 오프라인 모임 '도프라인' ⓒ도보마포

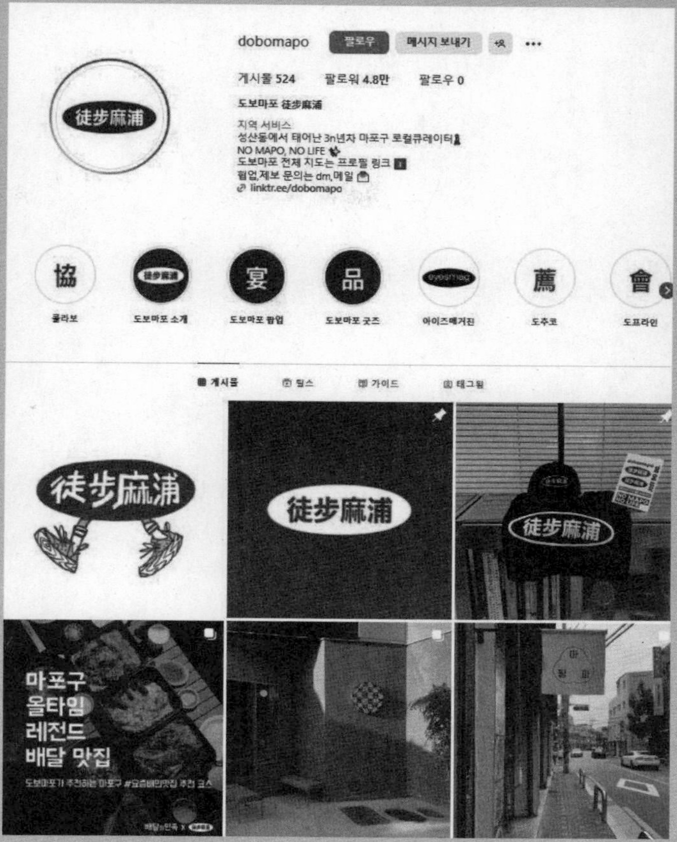
dobomapo
팔로우
메시지 보내기
게시물 524
팔로워 4.8만
팔로우 0
도보마포 徒步麻浦
지역 서비스
성산동에서 태어난 3n년차 마포구 로컬큐레이터
NO MAPO, NO LIFE
도보마포 전체 지도는 프로필 링크
협업,제보 문의는 dm,메일
linktr.ee/dobomapo
徒步麻浦
協
콜라보
도보마포 소개
宴
도보마포 팝업
品
도보마포 굿즈
아이즈매거진
薦
도추코
會
도프라인
게시물
릴스
가이드
태그됨
徒步麻浦
徒步麻浦
徒步麻浦
마포구
올타임
레전드
배달 맛집
도보마포가 추천하는 마포구 #요즘배민맛집 추천 코스

롱리드는 단편 소설 분량의 지식 콘텐츠예요. 깊이 있는 정보를 담아요.
내러티브가 풍성해 읽는 재미가 있어요.
세계적인 작가들의 고유한 관점과 통찰을 만나요.

담론의 바다로 진격하라

중국의 선전 공세는 서툴고 둔하다고 무시되곤 하지만, 우리가
5개월간 조사한 결과는 세계의 정보 질서를 재편하려는 중국의 공세와
야심, 규모와 성격을 분명하게 보여 주고 있다. 이것은 단순히 뉴스
클릭을 늘리려는 전쟁이 아니다. 수십 년 동안 도전받지 않은 서구
미디어 제국주의에 맞서 싸우기 위해 중국이 '담론의 힘'을 키우기로
결정하면서 선전 공세는 이념적이고 정치적인 투쟁이 되었다.
__ 루이자 림(Louisa Lim)·줄리아 버긴(Julia Bergin)

중국에 대해 좋게 말하는 것

중국 국영 방송국의 런던 허브를 신설하려던 채용 팀은 이력서를 살펴보다가 지원자가 너무 많아서 행복한 고민에 빠졌다. '중국의 관점에서 뉴스를 보도하는' 90개의 일자리에 6000명이 몰려들어서 이력서를 읽는 간단한 작업에만 거의 두 달이 걸렸다.

중국 글로벌 TV 네트워크(China Global Television Network·CGTN)는 런던 서부 치스윅(Chiswick)에 위치한 최첨단 제작 스튜디오와 경쟁력 있는 연봉으로 끝없는 예산 삭감에 의기소침해진 서구 저널리스트들을 유혹한다. 2016년 중국 중앙 TV(China Central Television·CCTV) 인터내셔널에서 현재의 이름으로 사명을 바꾼 CGTN은 중국 미디어를 전 세계에 급속히 확산시키는 주역이다. 시진핑 국가주석의 말대로 CGTN은 "중국에 대해 좋게 말하는 것"을 목표로 한다. 중국의 이념적 지향에 기여하는 것이다.

수십 년간 중국의 이미지를 형성하기 위한 접근은 방어적이고 반응적이었으며, 주로 국내 시청자를 목표로 했다. 이러한 노력은 콘텐츠가 중국 내에서 자취를 감추는 결과로 나타났다. 티베트, 타이완, 1989년 천안문 사태와 같은 민감한 주제가 보도될 때면 외국 잡지는 페이지가 찢겨 나가고, BBC 뉴스 화면은 검은색으로 깜박였다. 중국 당국은 국내 검열이나 해당 언론사에 대한 공식적인 항의, 특파원 추방 등의 조잡한 방법을 사용했다.

그러나 지난 10여 년 동안 중국은 세계의 시청자들에게 더욱 정교하고 적극적인 전략을 펼치고 있다. 중국은 유료 기사 형태의 광고, 후원 저널리즘 보도, 후원자들에 의해 과도하게 다듬어진 긍정적 메시지 등에 막대한 자금을 투입해 세계의 정보 환경을 재편하고자 한다. 국내에서는 언론을 더욱 엄격하게 통제하는 한편, 해외에서는 자유 언론의 취약점을 이용하려고 한다.

가장 간단한 형태로,《워싱턴포스트》를 비롯한 수십 개의 명망 있는 국제 간행물에 중국을 선전하는 증보판이 실리도록 후원하는 방법이 있다. 호주에서 터키에 이르기까지 전 세계에 분포한 독립 방송국들의 전파에 국영 중국 라디오 인터내셔널(China Radio International·CRI)의 방송 내용을 실어 보내는 음흉한 방식도 사용한다.

한편, 미국에서는 중국의 후원을 받는 로비스트들이 베이징의 메시지를 전파하기 위해 '제3의 대변인'이라 불리는 지지자들을 양성하고 있고, 중국의 티베트 통치에 대한 대중의 인식을 흔드는 작업을 벌이고 있다. 중국은 모든 경비를 지원하는 관광으로 전 세계 언론인을 유혹하고, 매년 수십 명의 외국인 기자에게 커뮤니케이션 학위 과정을 무료로 지원하여 '중국에 대해 좋게 말하도록' 훈련하고 있다.

2003년 인민해방군의 정치적 목표가 기술된 공식 문서가 수정됐을 때부터 소위 '미디어 전쟁'은 중국의 노골적인 군사 전략이 되었다. 목표는 해외 여론을 움직여 외국 정부들이 중국 공산당에 우호적인 정책을 세우게 하는 것이다. CIA 분석가였고 현재 안보 관련 싱크탱크인 제임스타운 재단(Jamestown Foundation)에서 중국 선임 연구원으로 일하고 있는 피터 매티스(Peter Mattis)는 "중국 공산당은 관념의 세계를 선점하는 것이 국가 안보에 관한 일이라고 생각한다. 중국에 불리한 결정을 하지 못하게 막거나 선취권을 획득하기 위해 선전을 벌이는 것이다"라고 말한다.

때로는 전통적인 검열이 여기에 포함된다. 즉 반대자를 협박하거나, 반대 의견을 유통하는 플랫폼을 단속하거나, 단순히 해당 미디어를 사들이는 것 등이다. 중국 당국은 민간 기업을 통해 꾸준히 세계의 디지털 인프라를 통제해 왔다. 아프리카 일부 지역에서는 아날로그에서 디지털 TV로의 전환을 주도하고 있으며, TV 위성을 발사하고 광섬유 케이블과 데이터 센터의 네트워크를 구축해서 전 세계로 정보를 전달하는 디지털 실크로드를 구축하고 있다. 이처럼 중국은 언론인은 물론 뉴스의 제작과 유통 수단에 이르기까지 장악력을 높여 가고 있다.

중국의 선전 공세는 서툴고 둔하다고 무시되곤 하지만, 우리가 5개월간 조사한 결과는 세계의 정보 질서를 재편하려는 중국의 공세와 야심, 규모와 성격을 분명하게 보여 주고 있다. 이것은 단순히 뉴스 클릭을 늘리려는 전쟁이 아니다. 수십 년 동안 도전받지 않은 서구 미디어 제국주의에 맞서 싸우기 위해 중국이 '담론의 힘'을 키우기로 결정하면서 선전 공세는 이념적이고 정치적인 투쟁이 되었다.

동시에 중국 지도부는 부활한 중국을 중심으로 하는 새로운 세계 질서 개념을 전파하면서 세계의 무게 중심을 동쪽으로 이동시키기 위해 노력하고 있다. 물론 영향력을 높이기 위한 캠페인이 새로운 것은 아니다. 미국과 영국도 언론인에게 무료 여행이나 고위 관리 접근 권한과 같은 미끼를 제공하면서 적극적인 구애를 해왔다. 그러나 중국 공산당은 그런 나라들과는 달리 다양한 견해를 받아들이지 않는다. 대신 언론을 공산당의 '눈, 귀, 혀, 목'으로 여기며, 저널리즘을 당이 승인한 사건 진술 외에는 모두 배제하는 서술 훈련으로 생각한다. 중국에게 미디어는 '세계 정보 전쟁'이 벌어지고 있는 전쟁터이자 동시에 공격 무기가 되었다.

중국 미디어의 국제적인 확장

나이지리아의 탐사 보도 기자 다요 아이예탄(Dayo Aiyetan)은 2012년

CCTV가 케냐에 아프리카 허브를 개설하고 몇 년이 지난 뒤 받은 전화를 아직 기억한다. 아이예탄은 나이지리아 최고의 탐사 보도 센터를 설립하고, 불법적으로 숲을 벌채한 중국 사업가를 적발했다. 전화를 건 사람은 중국 국영 방송사의 새 사무실에서 일하게 되면 현재 연봉의 최소 두 배 이상은 받을 수 있다는 솔깃한 제안을 했다. 아이예탄은 돈과 안정적인 일자리에 유혹을 받았지만, 이제 막 탐사 보도 센터를 설립한 터라 거절했다.

아프리카는 중국 미디어가 국제적으로 확장된 첫 번째 장소라는 이유로 실험 무대가 되었다. 이런 노력은 2008년 베이징 올림픽 이후 한층 거세졌는데, 이는 잇따른 비판적 보도, 특히 인권 문제와 성화 봉송 과정에서 발생한 티베트 지지 시위 보도에 중국 지도자들이 불만을 느꼈기 때문이었다. 이듬해 중국은 전 세계 미디어에서 입지를 강화하기 위해 66억 달러(7조 5000억 원)를 쓸 것이라고 발표했다. 중국의 첫 국제 진출은 CCTV 아프리카였다. CCTV 아프리카는 아이예탄처럼 존경받는 언론인을 즉시 영입하기 위해 나섰다.

CCTV는 서구 관점의 서사를 늘어놓는 것이 아닌, '아프리카의 이야기'를 전 세계 시청자들에게 전달할 기회와 자금을 아프리카 지역 기자들에게 약속했다. 케냐의 선도적 텔레비전 방송국 중 하나인 KTN에서 CCTV로 이적한 베아트리체 마샬(Beatrice Marshall) 기자는 "내가 좋아하는 것은 우리의 관점에서 이야기를 전하는 것"이라고 말했다. 마샬의 존재는 CCTV에 대한 신뢰를 강화했고, 그는 기자들의 독립적인 편집을 계속 강조했다.

베이징에 있는 CCTV 본사(오른쪽) ⓒ사진: Ed Jones/AFP

CCTV의 아프리카 보도를 연구한 웨스트민스터 대학의 객원 연구원 비비안 마쉬(Vivien Marsh)는 그런 주장에 회의적이다. 마쉬는 2014년 서아프리카에서 발생한 에볼라에 관한 CCTV의 보도를 분석했는데, 기사의 17퍼센트가 의사와 의료 지원을 제공한 중국의 역할을 강조하는 내용이었다. 마쉬는 "그들은 긍정적 보도를 하려고 노력했지만, 중국을 자비로운 부모로 묘사하는 것을 보면서 나는 그 언론에 대한 신뢰를 잃었다"고 말했다. 그들의 최우선적인 목표는 아프리카의 이야기를 전달하는 것과는 거리가 먼, 중국의 힘, 관대함, 그리고 세계적 현안의 중심인 중국을 강조하는 것으로 보인다(CGTN은 현재 영어 채널뿐 아니라 스페인어, 불어, 아랍어와 러시아어 채널도 방송한다).

지난 6년간 CGTN은 아프리카 전역으로 계속 확장되었다. CGTN은 에티오피아의 수도 아디스아바바(Addis Ababa)에 위치한 아프리카 유니언(African Union) 건물 내 '권력의 회랑'에 설치된 TV에 방송을 내보내고, 르완다, 가나를 포함한 많은 아프리카 국가의 농촌 마을 수천 곳에 무료로 방송을 송출했다. 방송 내용은 중국 정부와 강한 유대 관계를 가진 중국 미디어 회사 '스타타임스(StarTimes)'가 제공한 것이다. 스타타임스는 중국과 아프리카 채널을 함께 묶은 상품을 가장 싼 패키지로 제공하는데, BBC나 알자지라 채널은 비싸게 책정해 시청자들이 접근하기 어렵게 만들었다. 이런 방식으로 그들은 중국의 선전에 대한 시청자의 접근을 확대한다. 그들은 아프리카의 유료 TV 가입자 2400만 명 중 1000만 명이 자신의 시청자라고 주장한다. 산업 분석가들은 이런 수치가 부풀려진 것으로 보고 있으나, 방송사들은 이미 스타타임스가 일부 아프리카 미디어 시장에서 국내 기업을 몰아내고 있는 것을 우려하고 있다. 2018년 9월 가나 독립 방송 협회는 "스타타임스가 가나의 디지털 전송 인프라와 위성 방송을 통제한다면, 가나는 방송을 사실상 중국의 통제와 콘텐츠에 내어 주는 꼴"이라고 경고했다.

아프리카와 그 외 지역에서 중국 국영 방송의 일자리는 비(非)중국 언론인들에게 새로운 기회와 높은 연봉을 제공한다. 2012년 CCTV의 워싱턴 본부가 출범했을 때, 남미에 근거지를 둔 전·현직 BBC 특파원 중 최소 5명이 이 방송사에 합류했다. 당시 합류한 이들 중 하나였고, 현재는 알자지라에서 일하는 다니엘 슈바임러(Daniel Schweimler)는 비록 많은 이들이 자기 기사를 보진 않았겠지만, CCTV에서 일할 때 재미있었고 상대적으로 힘들지 않았다고 말한다.

그러나 중국 국영 통신사인 신화통신에서 일하는 외국 기자들은 자신의 기사가 더 많은 시청자에게 전달된다고 생각한다. 신화통신은 예산의 40퍼센트를 중국 정부로부터 보조받으며, AP 통신 등 다른 통신사처럼 전 세계의 신문사에 기사를 팔아서 수익을 창출하고 있다. 신화통신에 근무했던 어떤 사람은 "내 기사는 100만 명이 아닌 1억 명이 보고 있다"고 자랑했다(우리가 인터뷰한 다른 수십 명과 같이, 그는 보복 위험을 이유로 익명을 요청했다). 중국 공산당이 집권하기 훨씬 전인 1931년에 설립된 신화통신은 당 대변지로서 전문 용어로 가득한 기사들로 당의 새로운 방향과 정책 변화를 알린다. 시진핑이 토고 대통령과 회담을 했다거나, 대형 채소를 검사했다거나, 장난감 공장 노동자들과 대화를 나눴다거나 하는 등 많은 칼럼이 시진핑의 지루한 연설과 하루 일정을 알리는 데 사용된다.

신화통신에 근무했던 어떤 사람은 그의 일을 이렇게 묘사했다. "일종의 창의적 글쓰기와 저널리즘을 결합하는 것이다." 2010년부터 2014년까지 신화통신의 시드니 지부에서 일했던 크리스티안 클레이 에드워즈(Christian Claye Edwards)는 이렇게 말한다. "그들의 목적은 중국의 어젠다를 크게, 명백하게, 뚜렷하게 미는 것이다. 시스템의 균열을 찾아내 이를 악용하는 것 외에 다른 목표는 없다." 8년 동안 6명의 총리를 두었던 호주 정치의 혼란스럽고 예측 불가능한 속성을 강조해 자유 민주주의에 대한 믿음을 훼손시키는 것이 하나의 예다. "내 업무의 일부는 그런 영향력을 행사할 수 있는 방법을 찾는 것이었다. 하지만 지시를 받은 적도 없고, 기록되지도 않았다."

중국 국영 방송에 근무했던 다른 사람들과 마찬가지로, 에드워즈는 자신의 업무 대부분이 당론에 대한 충성심을 드러내 고위 관료들의 환심을 사기 위한 통신 메시지를 작성하는 것이라고 느꼈다. 국제 사회에서 중국의 소프트 파워를 얼마나 확대하는가의 문제는 한참 떨어진 두 번째 목표였다. 그러나 2014년 에드워즈가 떠난 후 신화통신은 밖으로 눈을 돌리기 시작했다. 신화통신의 트위터 계정이 하나의 증거다. 중국에서 트위터가 금지되어 있음에도 불구하고 신화통신의 트위터 계정은 1억 1700만 명의 팔로워를 거느리고 있다.

중국 국영 언론 기관에서는 일반적으로 철저한 검열이 필요하지 않다. 대부분의 언론인이 어떤 기사가 적절한지, 어떤 의견 제시가 필요한지를 빠르게 습득하기 때문이다. 2년간 남미 CCTV에서 일한 다니엘 슈바임러(Daniel Schweimler)는 말한다. "나는 우리가 부드러운 선전의 도구였다는 것을 알았다. 그러나 러시아 투데이는 말할 것도 없고, BBC나 알자지라보다 심한 정도는 아니었다. 달라이 라마가 방문하지 않는 한 우리는 베이징이나 워싱턴의 간섭을 받지 않을 것이라고 농담하곤 했다."

2012년 달라이 라마가 캐나다를 방문했을 때, 신화통신 오타와 지부에서 기자로 일하던 마크 부리(Mark Bourrie)는 타협해야 할 입장에 서게 되었다. 방문 당일, 부리는 티베트 영적 지도자의 기자 회견에 참석하기 위해 의회 기자 자격증을 사용하고, 스티븐 하퍼(Stephen Harper) 당시 캐나다 총리와의 비공개 회담에서 무슨 일이 있었는지 알아보라는 지시를 받았다. 부리가 그 정보가 기사에 사용될 것인지 묻자, 그의 상관은 그렇지 않을 것이라고 대답했다. 그는 훗날 "그날 나는 우리가 스파이라고 느꼈다. 선을 그을 시간이 되었다"라는 글을 썼다. 그는 사무실로 돌아와서 사직했다. 현재 변호사인 부리는 이 이야기에 대해 언급하기를 거절했다.

부리의 경험은 특별한 것이 아니다. 중국 국영 언론에서 일했던 세 명의 소식통은 뉴스가 아닌, 오직 고위 관리 보고용임을 알고서도 기밀 보고서를 종종 썼다고 고백했다. 호주 애들레이드의 도시 계획에 관한 기밀 보고서를 쓴 에드워즈는 이 보고서를 정부 고객을 위해 매우 낮은 수준의 정보를 제공하는, "가장 낮은 수준의 중국 공무원용 연구 보고"라고 간주했다.

중국의 저널리즘, 선전 작업, 영향력 행사와 첩보 사이의 희미한 경계는 워싱턴의 걱정거리다. 2018년 9월 중순, 미국은 외국 단체 등록법(Foreign Agents Registration Act·FARA)에 따라 CGTN과

신화통신이 등록을 하도록 명령했는데, 이 법은 외국 정치권력의
이익을 대변하는 정치적, 준정치적 활동을 하는 요원들에게 활동
내용과 자금뿐 아니라 그들의 관계를 기록할 것을 요구한다. 2018년에
도널드 트럼프 대통령의 선거 대책 본부장을 맡았던 폴 마나포트(Paul
Manafort)가 우크라이나를 위한 업무를 수행하면서 외국인 로비스트
등록을 하지 않아 이 법을 위반한 혐의로 기소되었다. 2018년 미국
의회 위원회는 "중국의 정보 수집과 정보 전쟁에 중국 국영 언론
기관의 직원들이 관여되어 있는 것으로 알려져 있다"고 밝혔다.

배를 빌려 밖으로 나간다

'외국이 중국을 섬기게 하라'는 마오쩌둥이 가장 선호한 전략 중
하나다. 1930년대 미국 언론인 에드거 스노(Edgar Snow)에게
접근을 허용한 결정이 전형적인 예다. 그 결과물로 나온 책《중국의
붉은 별(Red Star Over China)》은 공산주의가 서구의 공감을
얻는 중요한 계기가 되었다. 이 책에는 공산주의자들이 진보적인
반(反)파시스트라고 묘사되어 있다.

80년이 지난 지금, '외국이 중국을 섬기게 하라'는 전략은
단순히 우호적인 보도를 대가로 내부자 접근을 허용하는 데 그치지
않는다. 당의 이익을 위해 외국인을 고용한 언론사를 이용하기도 한다.
2012년 전국인민대표대회 연례회의 기간 중 기자 간담회가 연이어
열렸는데, 정부 관리들이 한 젊은 호주 여성의 질문을 거듭 채택했다.
외국 언론사의 베이징 특파원들에게는 낯선 얼굴이었다. 그녀는 유창한
중국어와 우호적인 질문으로 주목을 받았다.

호주 멜버른에 본부를 둔 글로벌 CAMG 미디어 그룹에서
일하던 안드레아 유(Andrea Yu)라는 여성이었다. 지역 사업가인

토미 장(Tommy Jiang)이 설립한 글로벌 CAMG의 소유권 구조를
들여다보면 회사와 중국 정부와의 관계가 모호하다. 베이징에 본사가
있는 Guoguang Century Media Consultancy라는 그룹이 60퍼센트의
지분을 보유하고 있는데, 이 그룹은 국영 방송사인 차이나 라디오
인터내셔널(China Radio International·CRI)이 소유하고 있다. 토미 장의
다른 회사인 오스타(Ostar)와 글로벌 CAMG는 호주에 적어도 11개의
라디오 방송국을 운영하고 있으며, CRI의 콘텐츠를 실어 나르면서 중국
친화적인 쇼를 제작해 호주 내 중국어 사용자를 대상으로 하는 다른
지역의 라디오 방송국에 팔고 있다.

　　이 사건 이후 기자들이 안드레아 유를 중국 정부를 위해
일하는 '가짜 외국인 기자'라고 비난하자 그녀는 인터뷰를 통해 "내가
입사했을 때 나는 회사와 정부의 관계에 대해 약간 이해하고 있을
뿐이었다. 구체적으로 어떤 관계인지는 몰랐다"고 해명했다. 그녀는
바로 CAMG를 떠났지만 2년 후 전국인민대표대회에서도 같은 일이
반복되었다. 중국어를 구사하는 또 다른 CAMG 소속의 호주인 루이스
케니(Louise Kenny)는 앞잡이라는 비난에 공개적으로 반발했다.

　　정부가 승인한 콘텐츠를 전송하기 위해 외국 라디오 방송국을
이용하는 것은 CRI 회장이 말한 "Jie Chuan Chu Hai(借船出海)", 즉,
'바다로 나가기 위해 배를 빌리는' 전략이다. 2015년 로이터 통신은
14개국에서 CRI 콘텐츠를 방송하는 33개 라디오 방송국의 비밀
네트워크를 운영하는 세 회사 중 하나가 글로벌 CAMG라고 보고했다.
3년이 지난 현재, 그들의 웹사이트 정보에 따르면 오스타를 포함한
이 네트워크는 현재는 35개 국가에서 58개 방송국을 운영하고 있다.
최근 마이크 펜스(Mike Pence) 미국 부통령의 투쟁적인 연설에 따르면
CRI 콘텐츠는 미국에서만 30개 이상의 매스컴에서 방송되고 있다.
이 콘텐츠를 누가 듣고 있는지, 실제로 얼마나 많은 영향을 미치고

있는지는 알 수 없지만 말이다.

　중국은 출판물에도 유사한 '빌린 배' 접근법을 사용하고 있다. 중국 국영 영자 신문인 《차이나 데일리》는 매달 '차이나 워치'라는 4페이지 또는 8페이지 분량의 증보판을 실어 주는 계약을 《뉴욕타임스》, 《월스트리트저널》, 《워싱턴포스트》, 영국 《텔레그래프》 등 최소 30개의 외국 신문과 체결했다. 이 증보판 선전물은 교훈적이고 오래된 접근 방식을 취하고 있다. 최근 헤드라인에는 "티베트는 지난 40년 동안 눈부신 성공을 거두었다.", "시진핑 주석이 개방 조치를 발표한다.", 그리고 가장 놀라운 "시진핑 주석이 중국 공산당원을 칭찬한다"가 포함되어 있다.

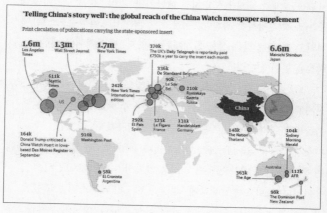

세계로 퍼진 차이나 워치 신문 증보판 ⓒ이미지: Guardian graphic, 조사: Julia Bergin

　정확한 수치를 구하긴 어렵지만, 한 보고에 의하면 영국 《데일리 텔레그래프》는 월 1회 차이나 워치 증보판을 실어 주는 대가로 매년 75만 파운드(11억 2300만 원)를 받고 있다고 한다. 심지어 《데일리

메일》은 취해서 만신창이가 된 신부 들러리 이야기, 화장품을 사기 위해 어린 자녀를 인신매매업자에게 팔았던 젊은 엄마 이야기 등 중국을 주제로 하는 미끼 기사들을 주로 제공하는 중국 정부 대변지인 《인민일보》와 계약을 맺고 있다. 이러한 콘텐츠 공유 거래는 《차이나 데일리》가 미국에서 엄청난 지출을 하게 만든 주요 요인이다. 《차이나 데일리》는 2017년 이후 미국에 영향력을 행사하기 위해 2억 800만 달러(2360억 원)를 지출했는데, 외국 단체 등록법에 따라 등록된 지출 중 외국 정부를 제외하면 가장 높은 금액이다.

'빌린 배' 전략은 콘텐츠의 신뢰성을 확보하기 위한 것일 수도 있다. 얼마나 많은 독자들이 이 지저분하고 따분하며 선전성이 농후한 증보판을 실제로 볼지 불분명하기 때문이다. 피터 매티스는 "내용 중 일부는 오직 정당화를 위한 것"이라고 주장한다. "《워싱턴포스트》에 게재되고 전 세계 많은 신문에 게재된다면, 이는 그 견해에 대한 신뢰성을 높이게 된다."

2018년 9월 중간 선거에서 도널드 트럼프 대통령은 중국이 자신에게 해를 끼치기 위해 '거짓 메시지'를 던지고 있다며 이런 관행을 비판했다. 그의 분노는 아이오와에 본부를 둔 디모인 레지스터(Des Moines Register)의 차이나 워치 증보판에 집중되었는데, 이는 무역 전쟁에 대한 농촌의 지지를 약화시키기 위해 고안된 내용이었다. 트럼프는 트위터에 "중국은 디모인 레지스터를 포함한 여러 신문에 뉴스처럼 만든 선전 광고를 싣고 있다. 이것이 무역과 시장 개방에서 중국을 때리는 이유이며, 농부들은 이 일이 끝나면 큰돈을 벌 수 있을 것이다"라고 언급했다.

배를 사서 밖으로 나간다

시진핑 시대에는 선전이 사업이 되었다. 리우 치바오(Liu Qibao) 중국 중앙선전부 부장은 2014년 연설에서 다른 나라들도 문화 상품을 수출하기 위해 시장의 힘을 성공적으로 사용했다고 말하면서 이 접근법을 지지했다. 선전을 자본화하려는 노력은 약삭빠른 기업인들에게 국영 언론사와 파트너십을 맺거나 해외 지부들에 자금을 대는 방식을 통해 중국 고위직의 비위를 맞출 기회를 제공한다. 현재 그들이 가장 선호하는 전략은 캔터베리 대학의 앤 마리 브래디(Anne-Marie Brady) 교수가 쓴 것처럼 '외국 배를 빌리는 것'이 아니라 배를 노골적으로 구입하는 것이다.

편집권 독립과 엄정한 보도로 명성이 높았던 115년 역사의 홍콩 신문 사우스 차이나 모닝 포스트(South China Morning Post · SCMP)가 2015년 중국 최고 부호에게 인수된 것이 가장 눈에 띄는 사례다. 기업 가치가 420억 달러(47조 6500억 원)에 달하는 거대 이커머스 기업 알리바바(Alibaba)의 마윈(Jack Ma) 회장은 중국 정부로부터 구매 제안을 받았다는 사실을 부인하지 않았다. 2015년 12월 그는 "내가 만일 다른 사람들의 억측에 휘둘렸다면 아무것도 이루지 못했을 것이다"라고 말했다. 같은 시기 알리바바의 부회장 조셉 차이(Joseph Tsai)는 알리바바의 인수 이후 SCMP는 서구 언론에서 바라보던 것과는 다른, 중국에 대한 대안적 시각을 제공할 것이라는 점을 분명히 했다. 그는 인터뷰에서 "서구 언론사에서 일하는 많은 기자들은 중국의 지배 체제에 동의하지 않을 수 있고, 그로 인해 보도 관점이 손상될 수 있다. 우리는 상황을 다르게 보며, 상황은 있는 그대로 보도되어야 한다고 믿는다"고 언급했다.

알리바바 그룹의 회장이자 사우스 차이나 모닝 포스트의 소유주인 마윈 ⓒ사진: STR/AFP

　　이 미션은 미국 캘리포니아 출신으로 만다린어를 구사하는
35세의 CEO 게리 리우(Gary Liu)에게 맡겨졌다. 하버드대를 졸업한
그는 디지털 뉴스 회사 디그(Digg)의 CEO를 지냈고, 그전에는 음악
스트리밍 회사인 스포티파이(Spotify)의 비즈니스 분야에서 일했다.
우리가 그와 스카이프로 영상 통화를 하면서 "SCMP가 조셉 차이의
비전을 잘 충족시키고 있느냐"고 물었을 때, 그는 약간 불편해하는
기색이었다. 그러면서 다음과 같이 답했다. "소유주들은 그들만의
문법을 가지고 있고, 신문은 나름의 신념을 가지고 있다. 우리가 할
일은 중국을 객관적으로 다루고, 매우, 매우 복잡한 이야기의 양면을
보여 주기 위해 최선을 다하는 것이다. 그것이 우리의 신념이다." 그의
말처럼 SCMP의 역할은 '중국에 대한 국제 여론을 이끄는 것'이다.
그리고 그 목적을 달성하기 위해 리우는 상당한 인적, 물적 자원을
지원받고 있다. 직원들은 SCMP의 예산이 '엄청나다'고 말한다. 어떤
직원은 신입 사원이 영화 〈벤허〉의 등장인물처럼 많다고도 했다.

주인은 바뀌었지만 SCMP는 세밀한 정치적 분석과 인권 변호사, 종교 탄압과 같은 기존의 민감한 문제를 계속 보도하면서 중국 정부와 아슬아슬한 줄타기를 하고 있다. 하지만 냉소주의자들은 SCMP가 신화통신의 복사판을 면하기는 했지만, 시진핑 이야기, 친(親)베이징 성향의 사설, 정치적으로 편향된 의견 기사들을 점점 더 두드러지게 게재하는 등 일종의 중국 일간지로 변질되고 있다고 농담을 한다. 이 모든 것은 신문에서 '현대의 공자'로 묘사되는 소유주 마윈을 하품이 날 정도로 끊임없이 보도하는 것과 결합되어 있다.

특히 두 기사가 심한 비판을 받았다. 첫째는, 1년 전 경찰에 구금되면서 사라진 젊은 여성 인권 활동가 자오웨이(Zhao Wei)와 가졌던 2016년 인터뷰다. 과거의 행동을 철회한다는 그 활동가의 발언을 인용한 대목은 마오 시대의 '자아비판'을 떠올리게 했다. 1년 뒤 그녀가 협박의 공포 속에서 인터뷰를 했다는 사실이 밝혀졌다. 1년간 감시가 심한 감옥에 억류된 끝에 '솔직한 고백'을 했다는 것이다. 그녀는 "대화도, 산책도 금지되었다. 손, 발, 자세 등 그 모든 신체 활동이 철저하게 제한되었다"고 설명했다.

2018년 초 SCMP는 출판업자 구이민하이(Gui Minhai)와 '중국 정부가 주도한' 인터뷰를 진행해 다시 비판을 받았다. 스웨덴 국적의 출판업자 구이민하이는 중국 지도부의 사생활에 관한 책을 펴낸 다섯 명 중 한 명이었는데, 2015년 태국의 자택에서 사라진 뒤 2016년 중국에서 경찰에 구금된 채로 나타났다. SCMP와의 인터뷰는 보안 요원이 배석한 채로 구금 시설에서 진행되었다.

그러나 리우는 그의 감독하에서 SCMP는 어떤 실수도 저지르지 않았다고 단호하게 말한다. 리우는 SCMP가 정부로부터 보도 강요가 아닌 초대를 받았으며, 구이민하이와의 인터뷰는 저널리즘적 가치를 근거로 결정된 것이라고 주장한다. "고위급 편집국원들이 함께 모여 논의했다. 우리에게는 보여 주는 것 자체가 중요하다. 그렇지 않으면 전체 상황을 고려하지 않은 기사가 보도될 가능성이 높다. 실제로 많은 기사에서 인터뷰를 하는 동안 구이민하이의 양쪽에 보안 요원이 서 있었다는 사실이 언급되지 않았다." 리우는 "정부 선전에서 예상되는 보도 방식과 실제로 우리가 보도하는 방식에는 현저한 차이가 있다"고 강조했다. 그러나 많은 홍콩 사람들은 한때 기록을 중시하는 저널로 인식되었던 신문이 중국 정부를 대신하여 강요된 자백을 집행하고 있다는 것에 불만을 표시했다.

　　내부 소식통에 따르면 SCMP의 중국에 대한 직설적인 보도마저 광범위한 전략의 일부를 형성한다. 오랫동안 이 신문에 기고해 온 스티븐 바인스(Stephen Vines)는 "모두 교묘한 속임수다. 많은 것들이 그럴듯하기 때문에 치명적이다"라고 말한다. 2018년 11월 바인즈는 더 이상 SCMP에 글을 쓰지 않겠다고 공언하는 성명을 발표했다. 한 현직 SCMP 기자는 '언론 자유의 겉치레'라고 묘사하면서 다음과 같은 설명을 덧붙였다. "기사에서 빠지거나 바뀌는 부분은 많지 않다. 기사가 확산되는 것은 어디에 배치되느냐에 달려 있다. 디지털 혁명은 이 모든 것을 아주 쉽게 만들었다. 기자가 원하는 건 무엇이든 쓸 수 있지만, 그들은 사람들이 보는 것을 통제한다." SCMP는 검열에 대한 대중의 비판에 적극적으로 반박해 왔는데, 검열 비판에 대해 '분개하여 복수를 벼르는 퇴직자'라 비판하는 칼럼을 게재하기도 했다.

　　중국 자금은 남아프리카를 포함해 본국에서 멀리 떨어진 신문사에도 투입되고 있다. 유명 신문사 20곳을 운영하는 남아프리카 2위의 미디어 그룹 인디펜던트 미디어(Independent Media)의 지분 20퍼센트는 중국 정부와 연계된 기업들이 소유하고 있다. 이 경우 중국이 신문사의 일상적인 운영에 미치는 영향은 미미할지 모르지만, 여전히 말할 수 없는 것들이 존재한다. 최근 남아프리카의 기자

아자드 에사(Azad Essa)가 중국의 위구르인 억류를 비판하는 칼럼을 인디펜던트 미디어가 발행하는 수많은 신문에 게재했다가 몇 시간 뒤 게재 취소된 사례가 대표적이다. 이에 대해 인디펜던트 미디어는 지면 구성을 새롭게 바꾸면서 칼럼니스트들의 변화가 필요했다고 밝혔다.

아자드 에사는 이후에도 외교 정책 관련 기사의 예봉을 꺾지 않았다. "레드 라인은 두껍고 협상도 불가능하다. 중국에 대한 경제적 의존과 뉴스룸의 위기를 감안할 때 레드 라인에 정면으로 맞서기란 불가능하다. 아프리카 동맹국들은 여기에 따를 수밖에 없다. 이것은 정확히 중국이 바라는 미디어 환경이다." 이는 비단 아프리카뿐 아니라 중국의 미디어가 전 세계에 원하는 것이기도 하다.

중국의 메시지로 가득한 바다

오늘날 호주는 중국의 대외적 영향력을 시험하는 무대가 되었다. 그 중심에 중국의 억만장자 후앙 시앙모(Huang Xiangmo)가 있다. 2017년 호주 노동당 상원의원 샘 다스티아리(Sam Dastyari)는 후앙 시앙모와의 유착 스캔들로 의원직을 사퇴했다. 3년 전 후앙은 시드니 공과 대학에 기반을 둔 싱크탱크인 ACRI(Australia China Relations Institute) 설립에 1800만 호주 달러(144억 5000만 원)의 종잣돈을 제공했다. 호주 외무부 장관을 지낸 밥 카(Bob Carr)가 이끄는 ACRI의 설립 목적은 '호주-중국 관계에 대한 긍정적이고 낙관적인 견해'를 증진하는 것이다.

지난 2년 동안 ACRI는 적어도 28명의 유명 호주 언론인들을 대상으로 중국 연구 투어 프로그램을 이끌어 왔다. 전체 경비는 물론이고 특별한 접근도 제공했다. 'ACRI의 손님' 또는 '모든 중국 언론 협회의 손님'이라는 주석이 붙은 채 숨 가쁘게 이어진 결과

보고 기사들은 중국의 전략적 우선순위에 상당히 근접해 있다. 이 기사들은 중국의 현대성, 규모에 대한 찬가는 물론이거니와 중국의 일대일로(一帶一路·One Belt One Road) 이니셔티브, 남중국해에 대한 중국의 정책이나 그 밖의 다른 어떤 정책도 공개적으로 비난하지 말 것을 호주인들에게 권고하는 내용을 담고 있다.

호주 소식통들은 이런 전략이 호주에서 보도되는 중국 기사를 한쪽으로 치우치게 한다고 말한다. 경제학자 스티븐 조스케(Stephen Joske)는 중국의 경제적 도전에 관한 ACRI의 첫 번째 투어를 언급하면서 관련 보도의 무비판적인 어조를 지적했다. "호주의 엘리트들은 중국을 거의 모르고 있다. 정보의 공백이 있는데, ACRI가 지원하는 기자들은 그 공백을 매우 일방적인 정보로 채우고 있다."

연구 투어 참여자들은 자신들의 영향력을 과소평가하지 않는다. 익명을 요구한 한 기자는 다음과 같이 말했다. "그 여행은 환상적이었다. 호주 내의 중국 관련 보도는 보통 일당 공산주의 체제에 대한 내용을 넘어서지 않는다. 중국에서는 기술, 사업, 무역 분야에서 긍정적인 일들이 많이 일어나고 있는데, 보도는 긍정적이지 않다." 하지만 다른 사람들은 그 여행을 좀 더 조심스럽게 생각한다. 2016년 ACRI가 후원하는 여행을 다녀온 ABC 방송의 경제 특파원 피터 라이언(Peter Ryan)은 "그들의 관점을 갖게 될 것이라는 사실을 알면서도 이런 여행을 계속하게 되는 것이다"라고 말한다.

우리가 그 여행에 대해 질문하자 ACRI는 성명을 통해 미국과 이스라엘이 조직했던 유사한 여행들과 비교할 때 "그리 대단하지 않다"고 답했다. ACRI 대변인은 "ACRI는 기사 내용을 두고 한 번도 기자들에게 로비를 한 적이 없다. 기자들은 그들이 원하는 어떠한 입장도 자유롭게 취할 수 있다"고 밝혔다. 또한, 여행의 현물 지원은 중화 전국 신문 공작자 협회(All-China Journalists Association)가 제공했는데, 이 기관의 임무는 '중국에 대한 이야기를 좋게 전달하고 중국의 목소리를 퍼트리는 것'이라고 했다. 후앙 시앙모의 역할에 대해서는 그가 ACRI의 영업 활동에 관여하지 않는다고 말했다.

ACRI는 이 게임에서 비교적 신참에 속한다. 홍콩 출신의 백만장자 둥젠화(Tung Chee-hwa)가 이끄는 중·미 교류 재단(China-United States Exchange Foundation·Cusef)은 2009년 이래 40개 언론사, 127명의 미국 언론인과 상하원 의원을 중국으로 데려갔다. 둥젠화는 중국 정부의 자문 기구인 중국 전국인민정치협상회의(Chinese People's Political Consultative Conference) 부주석이라는 공식 직함을 가지고 있어서 중·미 교류 재단은 외국 단체 등록법에 따라 주요 외국 기관(foreign principal)으로 등록되었다.

중·미 교류 재단이 어떻게 미국 내 중국 관련 기사를 좌지우지했는지에 대한 실상은 2009년부터 이 재단을 위해 일해 온 홍보 회사가 작성한 외국 단체 등록법 기록물에서 찾을 수 있다. 시리아의 바샤르 알 아사드(Bashar al-Assad)와 카다피 가족을 대변하고, 카타르 월드컵 유치전에서 활약했던 BLJ 월드와이드는 미국에서 중국에 대한 긍정적인 기사를 확보하기 위해 미국 언론인 투어를 조직하고 소위 '제3의 지지자'들을 양성했다. 2010년 1년간 BLJ의 목표는 《월스트리트저널》 같은 미국 매체에 매달 약 2만 달러(2270만 원)를 지불하고 주당 평균 3개의 기사를 게재하는 것이었다. 2017년 11월에 작성된 메모에 따르면 BLJ는 제3의 지지자 8명의 명단을 작성해 추천했는데, "이들은 자신의 기명 논평을 쓰거나, 중·미 교류 재단을 지지하거나, 미디어 선택에 잠재적으로 개입할 수 있다"고 되어 있었다. 2010년에는 미국 학생들이 티베트 관련 중국의 역할에 비판적인 교육을 받고 있는데, 여기에 영향을 미칠 방안에 대해 논의했다는 기록도 있다. BLJ는 4개 고등학교 교과서를 검토한 후, "티베트 자치구에서의 중국의 행동을 옹호하고 홍보하기 위해 강력하고 사실적인 대항 내러티브를 도입해야 한다"고 제안했다.

지난 10년 동안 중·미 교류 재단은 미국 국민에게 영향을 줄 수 있는 야심 찬 문화 외교 계획을 추진하면서 영향력을 확대해 왔다. 2018년 1월의 메모에 따르면, 그 계획 중 하나는 '궁호(Gung-Ho)'로 불리는 중국인 타운을 디트로이트에 만드는 것이었다. 그 기록에는 800~1000만 달러(90~113억 원)의 예산과 양국 모두의 디자인 요소를 사용해 전체 도시 블록을 중국의 혁신을 보여 주는 사례로 만들자는 제안이 있었다. 이 메모는 심지어 궁호 지역의 발전을 "미·중 관계의 약속을 위한 살아 있는 상징"으로 보여 주는 리얼리티 TV쇼 촬영도 제안하고 있다. 디트로이트의 위태로운 상황을 감안할 때 "뉴스 매체들이 이 프로젝트에 비판적인 입장을 취하기는 어려울 것"이라고 이 메모는 결론을 내린다.

중·미 교류 재단은 활동에 관한 질문에 성명으로 응답했다. "우리는 미국 국민과 중국 국민의 소통과 이해를 높이는 프로젝트를 지원해 왔다. 우리의 모든 프로그램과 활동은 법 테두리 안에서 이루어지고 있으며, 높은 수준의 진실성을 유지하면서 작업을 수행하기 위해 전력을 다하고 있다." 한편, BLJ는 논평 요청에 응답하지 않았다.

언론인들에 대한 중국의 적극적인 구애는 단기 연구 투어를 넘어, 개발 도상국 기자들을 위한 장기 프로그램 운영에까지 이르고 있다. 이러한 움직임은 2012년 설립된 중국 공공 외교 협회의 후원하에 공식화되었다. 5년 동안 500명의 남미와 카리브해 기자들을, 2020년까지 매년 1000명의 아프리카 기자들을 훈련한다는 매우 야심 찬 목표가 세워졌다.

이 계획을 통해 외국 기자들은 중국 자체뿐만 아니라 중국에 대한 저널리즘의 관점도 함께 교육받게 된다. 중국 지도자들에게는 비판적 보도나 객관성과 같은 저널리즘의 이상은 적대적일 뿐 아니라 존재에 위협을 가하는 것이다. '문서 9(Document 9)'로 알려진 중국 정부의 유출 문서에는 서구 언론의 궁극적 목표가 '우리 이데올로기에 침투할 수 있는 통로를 뚫는 것'이라고 정의되어 있다. 2018년에 발표된 CGTN 비디오 시리즈에는 이러한 저널리즘에 대한 인식 차이가 더욱 두드러지게 나타나는데, 유명한 중국 언론인들이 비중국계 인사들이 서구적인 언론 가치에 의해 세뇌당하고 있다고 비난하는 내용이 담겨 있다. 이 비디오에서 서구적 가치는 사회에 무책임하고 파괴적인 것으로 묘사된다. 신화통신의 편집인인 뤼준(Luo Jun)은 "우리는 보도 내용에 대해 책임을 져야 한다. 이런 책임 의식이 검열로 간주된다면 그것은 좋은 검열이라고 생각한다"고 말했다.

또한 중국 당국은 젊은 국제 기자들을 훈련시키기 위해 움직이고 있다. 중국은 일대일로 구상에 따라 추진되는 거대한 국제 인프라 구축 사업에 참여하는 국가들의 기자들에게 언론 협력 프로그램을 제공하고 있다. 그레지 유제니오(Greggy Eugenio)는 모든 비용이 무료인 이 프로그램에 참가해 마지막 단계에 와 있는 필리핀 언론인이다. 유제니오는 10개월 동안 중국 전역을 여행하고 연구했을 뿐 아니라 국영 TV 방송국에서 6주간의 인턴십도 경험했다. 또한, 베이징 인민대학교에서 커뮤니케이션 석사 학위 과정을 밟으며 일주일에 두 번은 언어, 문화, 정치, 뉴미디어 과목의 수업을 들었다.

유제니오는 "이 프로그램은 끊임없이 중국에 대해 갖고 있던 오해를 풀고 마음을 열게 했다"고 이메일을 통해 말했다. "정부 소유의 국영 미디어가 저널리즘의 가장 효과적인 수단이라는 것을 배우게 되었다. 중국의 미디어는 여전히 잘되고 있으며 국민은 그들의 작업을 환영하고 있다." 중국에 체류하는 동안 그는 필리핀 국영 통신사에

기사를 송고해 왔으며, 다음 달에 프로그램이 끝나면 로드리고
두테르테(Rodrigo Duterte) 필리핀 대통령의 커뮤니케이션 팀으로
복귀할 예정이다.

어떤 관측자들은 러시아 투데이나 이란의 프레스 TV와
같은 권위주의적 선전 네트워크의 확장이 과대평가되었으며, 세계
언론에 대한 실질적인 영향력은 거의 없다고 주장한다. 그러나 중국
당국의 활동은 더 크고 다각적이다. 국내에서는 거대한 세 개의
라디오와 텔레비전 네트워크를 하나로 합쳐 세계 최대의 방송사
'중국의 목소리(Voice of China)'를 건설하고 있다. 동시에 조직
개편을 통해 이 '선전 기계'의 책임 소관을 정부에서 공산당으로
이양했다. 이로 인해 공산당은 메시지를 더욱 효과적으로 통제할 수
있게 되었다. 해외에서는 아날로그에서 디지털 방송으로의 전환을
계기로 삼아 새로운 디지털 고속도로를 구축하면서 스타타임스 같은
대리인을 활용해 글로벌 통신망에 대한 통제를 강화했다. 프리덤
하우스(Freedom House)의 사라 쿡(Sarah Cook)은 말한다. "진정으로
탁월한 것은 모든 콘텐츠를 제어하려 하지 않고 정보의 흐름에서 핵심
연결 고리를 제어하려고 노력하는 것이다. 당장은 위협으로 명확하게
드러나지 않을 수 있지만, 일단 정보의 연결 고리들을 제어하게 되면
이를 원하는 대로 사용할 수 있게 된다."

이러한 노골적인 힘의 과시는 확신이라는 새로운 분위기를
시사한다. 정보 전쟁 시대에는 "힘을 숨기고 호기를 기다리라"던
등소평의 격언이 더 이상 유효하지 않다. 세계 제2의 경제 대국인
중국은 새로운 국제적 위상에 맞는 담론 역량을 키우기로 결정했다.
2018년 11월 미국에서 가장 저명한 중국 전문가 집단은 중국이 더
공격적으로 힘을 투영하는 것에 대해 우려하는 보고서를 발표했다.
많은 전문가들이 중국과의 교류를 장려하는 데 지난 수십 년을

보냈지만, 그들은 "금융 자본 투자의 폭과 깊이 측면에서 중국의 움직임이 보여 주는 야망과 밀도를 지금까지보다 훨씬 더 철저히 조사해야 한다"는 결론을 내렸다.

중국과 그 대리인들이 영향력을 확대하면서, 그들은 경쟁을 잠재우기 위해 시장의 힘을 이용하고 있다. 중국에게 담론의 힘은 제로섬 게임인 것처럼 보인다. 중국에 비판적인 목소리는 흡수되거나 침묵을 강요받는다. 그렇지 않으면 게재될 플랫폼이 없이 방치되거나, 중국이 '빌리거나 구매한' 배들이 만들어 낸 긍정적인 메시지들의 바다에 빠져 버린다. 서구의 거대 언론사들이 휘청거리는 사이, 중국의 미디어 제국주의가 부상하고 있다. 궁극적인 싸움은 뉴스 제작 수단을 위한 것이 아니라 저널리즘 그 자체를 위한 것이다. ▼

시끌북적 사무실

(1)구성우 커뮤니티 매니저 : 솝에서 새싹이 자라기 시작했어요.

(2)김혜림 에디터 : 좋은 기운이 당신과 주변을 감싸고 있어요!

(3)백승민 에디터 : 귀여운 티셔츠는 못참고 사버리는 현상을 뜻하는 독일 단어 없을까요?

(4)신아람 CCO : 꺄!

(5)홍성주 커뮤니티 매니저 : 요즘 나의 키워드는…성장…◇

(6)권대현 커뮤니티 매니저 : 때론 목적 없이 묵묵히 걸어가기만 하는 것도 좋아요.

(7)이연대 CEO : 100

(8)이현구 선임 에디터 : 잘 만들어진 책을 보면 기분이 조크든요~

(9)권순문 디자이너 : 100권이라니↙ (＊ˋ ̫ ˊ＊)◁

커뮤니티 소식

지난 한 달간 어떤 커뮤니티 프로그램이 열렸을까요? 먼저 에디터 스쿨 2기를 잘 마쳤습니다! 실습까지 열정적으로 함께해 준 모든 수강생분께 박수를 보냅니다. WriteRoom, 내일의 디자인, NOW THIS도 골고루 열렸습니다. 대학생부터 디자이너, 마케터, PM 등 다양한 직군의 참여자분들과 즐겁게 대화 나눴습니다. 이번 호에는 그중 두 프로그램의 후기를 전합니다.

NOW THIS
스브스프리미엄이 말하는 디지털 콘텐츠 기획

'스프'는 어떻게 탄생했을까요? 정명원 SBS 디지털뉴스 기획부장과 함께 미디어 시장의 변화와 트렌드를 살피며 이용자 반응을 중심에 둔 기획의 중요성을 알아봤습니다. 레거시 미디어인 SBS는 '스프'를 통해 뉴스 이용자들과 새로운 관계를 맺고자 합니다. 혁신은 곧 재정의가 아닐까요?

WriteRoom
잘 봤다는 말 대신: 비평의 언어로 영화 말하기

영화 리뷰를 더 잘 쓰고 싶어요! 박예지 평론가는 단순한 감상인 잘 봤다는 말 대신 확실한 비평을 쓰려면 내 느낌에서 시작하면 된다고 제안합니다. 〈오펜하이머〉, 〈비밀은 없다〉, 〈헤어질 결심〉 세 가지 친숙한 영화를 통해 세 가지 질문을 어떻게 비평으로 발전시키는지 알아볼 수 있는 시간이었습니다.

QR 코드를 스캔하면 예매 중인 커뮤니티 프로그램을 확인할 수 있습니다. 오프라인에서 만나고 대화해요!

THREAD

혁이 새로운 관점과 만날 때 혁신이 일어납니다. 동료들과 같은
업무에 곧바로 적용할 만한 아이디어가 떠오르기도 하고, 잘 모르
며 고민하던 문제의 해법을 발견하기도 합니다. 좋은 지식 콘텐츠
해결을 돕습니다. 깊이와 시의성을 두루 갖춘 지식정보 콘텐츠
를 향상시켜 보세요.

thread@bookjournalism.com